La España de Abel

La España de Abel

40 jóvenes españoles
contra el cainismo en el 40 aniversario
de la Constitución Española

**COORDINADO POR
JUAN CLAUDIO DE RAMÓN
Y AURORA NACARINO-BRABO**

EDICIONES DEUSTO

Deusto es un sello editorial de Centro de Libros PAPF, SLU.
Av. Diagonal, 662-664
08034 Barcelona

www.planetadelibros.com

ISBN: 978-84-234-2973-8
Depósito legal: B. 21.307-2018
Primera edición: octubre de 2018
Preimpresión: pleka scp
Impreso por Romanyà Valls, S.A.

Impreso en España - *Printed in Spain*

Sumario

Introducción

Bien está que fuera tu tierra

“*... densa como una lágrima cayendo,*
brotó de pronto una palabra: España.”

LUIS CERNUDA

La idea ha sido juntar a cuarenta jóvenes españoles para hablar bien de España. No para glorificarla, como tanto se hizo en el pasado, pero tampoco para denigrarla, como ha sido de buen tono hacer desde la recuperación de las libertades en 1978. En tiempos en los que es fácil dejarse llevar por el derrotismo, hemos creído importante alzar la voz y decirnos la verdad: que vivimos no sólo en un país normal, sino en un buen país, un país que, sin negar ninguno de sus problemas, posiblemente sea de uno de los mejores sitios del mundo donde poder haber nacido en el último tercio del siglo XX.

Nos hemos querido juntar gente joven, unida en el pañuelo de una generación y media. El punto de anclaje ha sido 1975, año de la muerte del dictador, pero hemos sido flexibles: algún joven carroza nacido antes de esa fecha y de cuya voz no queríamos privarnos ha sido invitado a decir la suya. Tampoco hemos querido prescindir del testimonio de dos personas que, aunque carezcan del pasaporte, son ya españoles de corazón y dan color a nuestro crisol con las voces de Europa y de América.

A los participantes les hemos dado completa libertad artística. Aquí han cabido desde evocadores de esa patria que es la infancia hasta piezas analíticas basadas en hechos y cifras. Sólo hemos puesto una condición: que la pieza rehuyese el tono lastimero con el que los españoles solemos hablar de nuestro país. Lo que queremos es oponer a un relato otro relato, a una visión otra visión; contra la triste salmodia de una España cutre, oscura y opresora, la balada de la España que hemos conocido: alegre, libre y pluralista (y, como cualquier otra democracia, imperfecta). Queremos celebrar nuestra normalidad. De los defectos de España, que los tiene y no son pocos, nos ocupamos el resto de los días del año.

Hemos buscado la máxima pluralidad geográfica. En las páginas que siguen desfilan españoles y españolas de todas la Españas, hablantes de todas sus lenguas. Hemos buscado la también amplitud ideológica. Las ideas de España de los participantes de este libro pueden diferir, y sus planes de reforma, si los tienen, caminar en sentidos diversos y puede que contrarios. Unos son monárquicos; otros republicanos. A algunos les apasiona la historia; otros miran al futuro. La mayoría siente en su vida esa condición que ha sido una constante en nuestra historia: la doble pertenencia a España en general y a una de las Españas en particular. Sólo están unidos en algo: se reconocen como españoles y se encuentran a gusto siéndolo, sin énfasis superfluos ni afectados lamentos.

Otra manera de decirlo sería ésta: aunque para algunos participantes de este libro España pueda no ser *una nación* —sabemos que este término puede ser problemático—, para todos ellos es *una realidad*. No cualquier tipo de realidad, sino una realidad valiosa, disponible para quien la sepa apreciar como un tesoro común. Se reconocen como conciudadanos. Son la España de Abel. No quieren que España vuelva a ser ese «triste trozo de planeta / por donde cruza errante la sombra de Caín» cantado melancólicamente por Machado, ni que sea cierto que en nuestro país todas las historias terminen mal, como vaticinó Gil de Biedma. Sí se ven reflejados, en cambio, en el verso de otro querido poeta español, el que encabeza la segunda parte del *díptico español*: «Bien está que fuera tu tierra». Porque si esto lo pudo decir Luis Cernuda, un poeta homosexual que conoció guerra y exilio en una época de represión y de homofobia, sería una frivolidad imperdonable que no podamos decirlo también aquellos que no hemos conocido otra cosa más que la libertad.

AURORA NACARINO-BRABO
JUAN CLAUDIO DE RAMÓN

La tierra amada

Daniel Capó

“De España amo, sobre todo, esa tradición humillada que puebla con su dignidad el pasado y exige al presente el empeño común de la pluralidad y la libertad.”

Graham Greene escribió en una ocasión que «sólo durante la infancia los libros ejercen una influencia profunda en nuestras vidas». El autor inglés apelaba, de este modo, a una gramática universal: el inicio de la vida supone fijar una mirada virgen sobre un mundo ancestral que nos precede y nos conforma. En este sentido, la niñez, la adolescencia, los primeros años en la universidad actúan como una red de pasadizos que desembocan en un espacio más amplio, inmerso en el misterio de la historia. La antropología clásica se refiere a los ritos de paso para delimitar este camino que forja el carácter y nos amolda socialmente. En realidad, nos descubrimos leyendo, amando, poniéndonos a prueba, enfrentando retos, adquiriendo soltura y confianza, fracasando también, viajando y explorando. Es la época de las intuiciones básicas que se asientan en las emociones y establecen un diálogo con la razón. Mentiría si dijera que conocí España a través de los libros —mi formación como lector fue otra, muy escorada hacia la literatura nórdica y las novelas de aventuras anglosajonas—, pero también faltaría a la verdad si hablara de mi país sin referirme a ese basamento primero de la experiencia. Diría que descubrí España solo y a pie. Tenía veinte años. O, mejor, dicho, cumplí los veinte aquel verano de 1993. Y no es cierto que estuviera solo, aunque así empecé y así terminé. Recuerdo de aquel viaje un río y un prado verde, un puente medieval que atravesaba el pueblo y el vuelo de una libélula, condensados en una escena: era un mundo antiguo que se me mostraba desnudo en todo su esplendor. Supe en aquel instante que la belleza de las naciones fermenta con el latir solidario de los siglos.

Si miro hacia atrás en el tiempo, pienso que ir caminando a Santiago cambió mi mirada sobre nuestro país. Me atraen —hablo de una sensibilidad— los lugares retirados, las palabras corteses, los hornos de leña, los muros viejos, la flor diminuta de las ortigas, los cascotes ruinosos del pasado incrustados como fósiles en la ciudad. Sé que este sitio sólo existe en mi imaginación y nunca he pretendido alojarme en un solar poblado de ilusiones. «¿Dónde está escrito —se preguntó el poeta Czesław Miłosz— que nos corresponda vivir en la tierra amada?» En ninguna parte, creo. Los hombres conviven en el espacio descolorido de la decepción, donde se esconde la levadura primera de la memoria y de la esperanza. Todas las infancias se rompen en la crudeza de un instante, de unas semanas o de unos meses como mucho. Su sabor es amargo, porque así son las ilusiones al final. La maldición del tiempo se cifra en que nada es definitivo y nuestro trabajo no dará fruto necesariamente. Pero la experiencia también nos enseña que es a través de las grietas de la imperfección por donde penetra esa pequeña verdad que nos alumbra.

Simone Weil dijo algo muy hermoso al respecto: sólo la fragilidad es digna de amor. Lo contrario supondría el deseo o la idolatría. Aquel mes de julio de 1993, descubrí un país que era el mío y del cual, sin embargo, lo desconocía casi todo. Me dirigía de Roncesvalles a Compostela: el primer Xacobeo anunciado oficialmente por un antiguo ministro franquista, Manuel Fraga Iribarne. En mi peregrinaje, se alternaban la España húmeda del norte y la España mesetaria de líneas puras y perfiles abstractos. Era una geografía apenas maltratada entonces por el turismo y que remitía a la cordialidad de la acogida monástica. Aquellos días caminé con un fotógrafo taurino francés, un escritor de San Francisco, una brasileña que aseguraba ser la hermana de Paulo Coelho, un escolta del rey, una madrileña sordomuda de origen polaco, una pareja muniquesa que se casaría nada más llegar a Santiago, un sastre riojano y un seminarista alemán que anhelaba hacerse cartujo. Un grupo de jóvenes belgas —no recuerdo si cuatro o cinco; yo sólo hice amistad con uno— llevaba andando meses desde Bélgica, para redimir penas de cárcel. Convivíamos durante unos días y luego, de improviso, desaparecíamos, cada uno en pos de sus cuitas. Yo quise conocer la luz blanca del Císter en el Monasterio de Cañas, perderme entre las calles de Castrillo de Matajudíos, visitar las Huelgas, contemplar el fuego vidriado de la catedral de León, dormir en un corral en el Valle del Silencio. En Rabanal del Camino conversé con Vladimiro, el campanero, que me preguntó si venía «de la misma Francia» y me mostró el tronco de un árbol tatuado por un rayo. «Con el tañer de las campanas —me dijo— puedo desviar los relámpagos.» Aquel hombre parecía serlo todo en el pueblo —pastor, enterrador, relojero...—; una multitud de oficios para un tiempo que se apolilla ante nuestros ojos.

Sólo la fragilidad es digna de amor, nos advierte Weil, porque testimonia el fuste torcido de la humanidad. Recuerdo otro día, cerca de Hospital de Órbigo, en que conocí a un catalán y a un valenciano. El primero era astrólogo y se dedicaba a adivinar el futuro; el segundo acababa de cumplir una condena en prisión a causa de las drogas. Habían salido de Montserrat y llevaban dos meses caminando. «En cada pueblo —me dijeron— nos detenemos en los cementerios.» «¿Por qué?», les pregunté. «Son mis hermanos los muertos —me respondió el valenciano—. Quiero saludarlos. Yo podría haber sido uno de ellos.» Medité mucho esas palabras. Todavía lo hago.

Años más tarde, leí que los mejores hombres de España se encuentran enterrados en aquel unamuniano corral de muertos. La frase no es literal: la escribió José Jiménez Lozano en *Los cementerios civiles*, un libro capital para entender el fracaso de la tradición liberal en nuestro país. Los afrancesados, los protestantes, los ateos, los ilustrados, los hijos de la Constitución de Cádiz... yacen desperdigados en una tierra baldía que nadie quiso bendecir. Frente a ellos, se erigía un poder estamental, religioso, ideológico, imbuido de fanatismo, que dificultó la modernización de España, la desgajó de su tronco europeo y redujo su horizonte moral. La carga de un pasado idealizado se convirtió así en un anatema sobre la condición creativa del futuro. Acudo al mito: Eurídice, al huir con Orfeo del inframundo, llevaba consigo las dolorosas llagas de una vida, pero no debía quedar prendada de sus sombras. Las sombras, como las ilusiones, son fantasmas que conjugan los sueños y las pesadillas de la humanidad. Su condición espectral resuena también en la historia de los países.

La España que amo se teje en los cementerios, pues allí, entre los muertos —nuestros padres—, es donde la memoria se funde de forma natural con la esperanza, que resquebraja el muro de cualquier ideología que se pretenda definitiva. Se trata de esa extraña paradoja del amor a la debilidad, la cual no hace sino reconocer el valor de lo que un jesuita francés, Michel de Certeau, denominó la «tradición humillada», la de aquellos que por vivir al margen de las modas de la historia han sido capaces de iluminar nuestra realidad. Y ese testimonio se halla en un pasado que es a la vez denuncia, conciencia, entrega y esperanza. Un pasado doloroso que no fija el rencor ni refuerza la llamada de una falsa identidad que incita a unos hombres contra los otros, sino que ha hecho posible la transición y el encuentro bajo el símbolo —y el amparo— de la monarquía constitucional. Aquel año, 1993, yo no sabía qué nos depararía el futuro, ni a mí ni a mi país: la corrupción política, el desencuentro territorial, la fatiga democrática ante la amenaza populista, el estallido del sistema financiero, la fractura de clases sociales, el empobrecimiento del debate público, las decepciones vergonzosas con uno mismo, la muerte de mi hermano, los dos hijos que tengo, el retorno de la irracionalidad como parte sustancial en la historia de las naciones. Aprendí, en cambio, a descreer de la venganza que se nos ofrece sobre el altar de una verdad presuntuosa, maniquea y cruel. De España amo, sobre todo, esa tradición humillada que puebla con su dignidad el pasado y exige al presente el empeño común de la pluralidad y la libertad.

Daniel Capó (Palma de Mallorca, 1973) es articulista y asesor editorial. Licenciado en Derecho, ha terminado dedicándose al mundo de los libros y el periodismo. Desde el año 2000 escribe en las páginas de opinión del grupo Prensa Ibérica, y forma parte del consejo asesor de la editorial Libros del Asteroide. Como columnista y crítico literario colabora habitualmente en medios como *ABC Cultural*, *The Objetive*, *Letras Libres* y *Nueva Revista*, entre otros.

El pecado original

Aloma Rodríguez

“Viví en París el curso 2004/2005. Entonces, yo creía que ser español era una especie de pecado original del que no me libraría jamás y que me imponía una desventaja de partida prácticamente irremediable: nunca sería francesa.”

Cuando viví en París ya había estado en París. Había hecho un viaje romántico justo una semana después de saber que viviría allí el curso siguiente: me acababan de conceder una beca Erasmus en París 3 Nouvelle Sorbonne. Cuando viví en París ya había vivido en Francia, aunque sólo un mes: justo antes de empezar la universidad en Zaragoza había pasado un mes cuidando de mi prima de tres años. Me gustaba todo de Francia: Brassens, Truffaut y Flaubert. Me gustaba sobre todo que no era España. La primera vez que había estado en Francia había sido en la boda de mi tío. Estábamos allí el 14 de julio, día de la fiesta nacional. Después de ver algunos desfiles (mientras mi madre, mi hermano y yo cantábamos *La mauvaise réputation*) fuimos a la casa familiar de la mujer con la que mi tío se había casado: France. Su hermano había desplegado una bandera francesa en el jardín y tenía preparado un arsenal de fuegos artificiales. Mi familia estaba un poco atónita y mi padre decía todo el rato que los franceses eran muy chovinistas. Yo tenía trece años, no sabía lo que era ser chovinista y lo que más me había molestado era que en el menú de la boda hubiera ancas de rana.

Viví en París el curso 2004/2005. Entonces, yo creía que ser español era una especie de pecado original del que no me libraría jamás y que me imponía una desventaja de partida prácticamente irremediable: nunca sería francesa (ni negra ni judía). Tampoco sería compatriota de Woody Allen, Charles Bukowski, J. D. Salinger o Susan E. Hinton. Ser español, creía, era pintoresco (Carmen, los románticos, etc.), pero sin llegar a ser exótico ni muchos menos sofisticado, como Ingrid Bergman, que me parecía el único modelo de mujer al que cualquiera querría aspirar. Algunas cosas de España me habían gustado de pequeña: los poemas de Lorca que mi padre nos hacía recitar a mi hermano y a mí o el príncipe Ajonjolí, de *La cabeza del dragón*, una farsa de Valle-Inclán. Otras eran frívolas: Olé Olé, Hombres G y Mecano hacían las mejores canciones para acompañar números de gimnasia rítmica o coreografías imposibles al sol del mediodía en Cantavieja durante el verano de 1990. Había leído el *Quijote* y el resto de los libros que se leen hasta tercero de Filología Hispánica y que básicamente pertenecen en mayor o menor medida a la picaresca (*Lazarillo*, *El Buscón*, *La Celestina*). Mi película favorita era (y sigue siendo, con más intensidad ahora) *La princesa prometida*. Hasta ahí estaba claro que los españoles teníamos un pecado original: Íñigo Montoya, el héroe que busca vengar la muerte de su padre es español, y alcohólico y testarudo. Cuando está esperando a que el misterioso hombre de negro termine de subir el Acantilado de la Locura, se ofrece a ayudarle a subir lanzándole una cuerda. El hombre de negro desconfía porque Montoya está esperando para batirse en duelo con él. «Podría daros mi palabra de español», dice Íñigo. «No me sirve de nada —replicó el hombre de negro—. He conocido a demasiados españoles.» Aunque tenía veintidós años, sólo era una adolescente (como Alejandro Sanz, el pecado original): me peleaba con el mundo para decidir quién quería ser, buscaba una identidad y creía que la encontraría yendo a la contra y por oposición. Había otras cosas que sí me gustaban, pero casi todas eran o aragonesas (Ignacio Martínez de Pisón, Cristina Grande, Félix Romeo, Javier Tomeo, Baltasar Gracián, Mariano Gistaín, Buñuel, Amaral, Bunbury y El Niño Gusano) o no parecían españolas (Vila-Matas, los cuentos de Quim Monzó, Fernando Trueba, Christina Rosenvinge), que era lo mejor que se podía decir de cualquier película, libro, disco o restaurante: que no parecía de aquí. También me gustaba lo que renegaba de España y del nacionalismo, desde la versión de Paco Ibáñez de *La mala reputación*, las películas de García Berlanga, *El peor programa de la semana* hasta Albert Pla y Extremoduro. Me gustaban irónicamente algunas cosas españolas, Raphael y Marisol, por ejemplo. Era una idiota. Sobre todo, porque era yo la que pecaba de cerrazón al creer que lo español se definía por un conjunto de tópicos y clichés donde sólo cabía la caspa, lo rancio y la horterada. Tuve que vivir en París para darme cuenta de mi error.

Mi año en París fue el primer año de la legislatura de Zapatero. Y también fue el año en que se votó en Francia la posibilidad de que hubiera una Constitución europea. Para mi sorpresa, casi todos los franceses que conocía estaban en contra. De hecho, ganó el «no». En España hubo votación, ganó el «sí». Casi todos los españoles que conocía estaban a favor de una Constitución europea: era la manera de crear un marco legal igualitario para todos, que marcara sobre todo unos mínimos y que permitiera la convivencia. También fue el año en que se aprobó el matrimonio homosexual en España. En París aprendí que no tenía que pedir perdón al mundo por ser española. Descubrí que la mirada sobre España (clichés incluidos) no era como yo pensaba cuando me explicaron que la práctica sexual conocida en mi país como «una cubana» en Francia es «una española». Nadie está a salvo de la caricatura, afortunadamente.

En primavera conocí a una fotógrafa italiana que estaba haciendo un proyecto de retratos y estereotipos. Mi novio y yo, me dijo, éramos perfectos: los dos españoles, él tan moreno, yo no. Le dije que no teníamos nada típicamente español en casa. Me explicó que no hacía falta. Nos vestimos de negro, como los actores del teatro de vanguardia, y posamos. No me acuerdo de casi nada. Había olvidado ese episodio hasta que hace poco encontré una foto que me mandó la italiana. En la imagen, mi novio y yo sacamos la lengua mirando a cámara. Estamos en la cocina minúscula de nuestro apartamento parisino. Hay unas patatas friéndose al fuego. Lo que terminamos cenando no se parecía mucho a las tortillas de patata que ahora hace mi pareja —sigue siendo la misma, lo que sobrevive en París es prácticamente indestructible—. Al ver la foto descubrí que durante ese año aprendí algunas cosas casi sin darme cuenta: descubrí que quería ser escritora y que, para serlo, lo que yo creía mi desventaja natural era lo que me iba a hacer única, es decir, mis circunstancias. Mi posición en el mundo, mi punto de vista, era lo que me iba a hacer observar las cosas desde un sitio concreto y poder contarlo.

Desmitifiqué París y lo francés (en eso fue fundamental el canal de televisión M6, algunos profesores resabiados y arrogantes y muchos alumnos igual de idiotas que los que me encontraba en España) y pude entender que no había pecado original en ser español, era un punto de partida como cualquier otro. Pensaba en *La hora chanante*, *Amanece que no es poco* o *Los peores años de nuestra vida*. Ser española, además, me ofrecía algunas ventajas, como la propia beca que me permitía estudiar allí, vivir en una democracia, tener acceso a sanidad y educación, etc. Por otro lado, la tradición que más me gustaba, la de los afrancesados, era esencial y melancólicamente española.

El curso siguiente, ya en Zaragoza, leía Teresa de Ahumada, Lope de Vega, Calderón, Clarín y Galdós, explicados por Aurora Egido y Leonardo Romero Tobar. Cristina Grande presentó su segundo libro de cuentos, *Dirección noche*. Empecé a trabajar en el borrador de mi primer libro, *París tres*. Desde entonces sé que escribir literatura española es muy complicado. Me acuerdo mucho de lo que dice David Trueba sobre *Vicky, Cristina, Barcelona*, la película española de Woody Allen: que sea tan mala, dice Trueba, sólo demuestra lo difícil que es hacer cine español. Por eso admiro a los escritores Isabel Bono o Miqui Otero; a músicos como Rafael Berrio, La Bien Querida, Betacam o Calavera; a cineastas como Carla Simón o Jonás Trueba: lo que hacen es genuinamente español y no les pesa como una losa. Han borrado, por fin, el pecado original.

Aloma Rodríguez (Zaragoza, 1983) es escritora. Trabajó en el periódico semanal *AHORA*, donde se encargaba del cuadernillo de cultura e ideas. Colabora con *El País*, *The Objective* y *El Heraldo de Aragón*. Es miembro de la redacción española de *Letras Libres*. Sus relatos han sido publicados en diferentes revistas y antologías. Ha publicado los libros *París tres* (Xordica, 2007), *Jóvenes y guapos* (Xordica, 2010), *Sólo si te mueves* (Xordica, 2013) y *Los idiotas prefieren la montaña* (Xordica, 2016).

A través del caleidoscopio

Borja Lasheras

“Miro atrás a esa parte de mi vida como cuando, de crío, miras a través de ese caleidoscopio y ves formas e imágenes de todo tipo de colores, que se mezclan y entrelazan. La primera imagen es la de aquel tren nocturno desde Hendaya.”

Cuando era niño, los *aitas* nos orientaron a mis hermanos y a mí a viajar al extranjero, a estudiar, trabajar y vivir. Fue una de las premisas de nuestra vida. «Fuera» tendríamos mejores oportunidades que en el País Vasco y que en España en general. Quizá querían para nosotros las oportunidades que ellos no tuvieron. Hasta que pudieron permitirse hacer turismo, la experiencia internacional del *aita* se limitaba a un mes en Múnich en los años sesenta; recuerdo una foto de él en blanco y negro, joven y apuesto, sonriente con una pinta de cerveza. La de la *ama*, un verano en Burdeos en que la niña de la posguerra que fue mi madre pudo comer a hurtadillas ese pan francés, tan distinto del de las cartillas de racionamiento. O quizá es que temían por mis inquietudes políticas en el opresivo contexto vasco de los años de plomo de ETA, el impuesto revolucionario y el silencio dominante. Aunque ellos también salieron a las calles cuando fue preciso: tengo en la retina las concentraciones, al principio no numerosas, en ese Donostia donde no paraba de llover.

El caso es que había que irse «fuera», algo que costaba explicar ante la belleza del Paseo Nuevo en pleno temporal y de la plaza Guipúzcoa, donde echabas monedas en el estanque de los patos y pedías deseos que caían en el olvido. Ese Cantábrico donde mis hermanos, Mikel e Íñigo, y yo aprendimos a surfear. Esa cornisa junto al mar era mi patria material. ¿España? Un concepto abstracto, político, aunque estuviera ahí, en los libros (*La Regenta* y los *Episodios nacionales*, que leí sentado en la batería de la fortaleza del monte Urgull) y en las clases de literatura de don Álvaro; también en las noticias de la Primera y *El Diario Vasco*, o en el viaje ocasional al «sur». Era algo que vivir y aprehender. Para mí, gran parte de ese aprendizaje y experiencia vital de España tuvo lugar en el extranjero, en una distancia llena de momentos de cercanía.

Miro atrás a esa parte de mi vida como cuando, de crío, miras a través de un caleidoscopio y ves formas e imágenes simétricas de todo tipo de colores, que se mezclan y entrelazan. La primera imagen es la de un tren nocturno desde Hendaya, para cursar un Erasmus en Leiden, Holanda, donde llovía aún más que en San Sebastián y donde conmemoraban el levantamiento del sitio de los tercios españoles en 1574. No me interesaba el grupo español, en parte porque no intimé con nadie en particular, en parte porque quería conocer otros europeos. Me repelía el bagaje que muchos españoles transmiten fuera como colectivo y que contribuye a la carga del estereotipo que tan malas pasadas nos puede jugar, como hemos visto estos años. También veo aquella casa destartalada junto a uno de los canales que atraviesan la ciudad y la televisión retransmitiendo imágenes de tantos españoles contra la guerra de Irak, y recuerdo sentir orgullo. Yo fui a la manifestación de Ámsterdam con una amiga británica, pero nos perdimos entre la multitud y terminé entre estalinistas y partidarios de Fidel.

Giro un poco el tubo del caleidoscopio y se forma la imagen del salón de ese sobrio apartamento para estudiantes en Cambridge, Massachusetts, pocos años después. Estoy con Faisal, mi amigo canadiense y musulmán, guitarrista zurdo de folk. Tocamos *Lucha de gigantes*, de Antonio Vega, tras inspirarnos con el vídeo de uno de sus acústicos. A Faisal le fascina la canción y la tararea. Al año siguiente, yo asistiría a la capilla ardiente de Antonio, cerca de Alonso Martínez, haciendo cola con chicos jóvenes y *yuppies* canosos, de corbata y casco de moto bajo el brazo. Además de a este poeta de la movida madrileña, en Estados Unidos descubrí a Los Secretos, a Quique González y *Pájaros de Barro*, de Manolo García. Se lo debo a ese CD copiado que Íñigo trajo de San Sebastián para que no olvidara, decía, «mis orígenes» (hasta entonces casi no había escuchado grupos españoles, salvo en su día Duncan Dhu, y luego mucho Sexy Sadie y algo de Los Planetas). En esa etapa redescubrí también *Reiniciar*, de Los Piratas, y la música de Iván Ferreiro. Lo cierto es que, en Nueva Inglaterra, con sus demócratas contra republicanos, sus *Salems Lot* sacados de películas de Tim Burton y la burbuja ambiental del programa de Harvard, echaba de menos el *indie* entonces en boga en Madrid. Añoraba las noches en busca del último garito abierto en Malasaña o Gran Vía, y esa sensación de que vivíamos nuestra propia movida.

En fin, creo que fue entonces cuando concluí que era absurdo borrar del todo el acento español cuando trataba de ligar. Decía que era «*Spanish*» y «*Basque*» indistintamente, y me molestaban enormemente la ignorancia y los clichés sobre el tema vasco, como, en parte, hoy existen sobre Cataluña. Desfilan delante de mis ojos momentos de ese *roadtrip* por el Oeste con Íñigo y sonrío. Aparece el Lizzard, un motel de carretera en algún pueblo fantasma de Colorado donde no se veían españoles desde que los conquistadores comerciaran caballos Mustang con los indios. No encontramos los pastores vascos de Idaho, pero conseguimos evitar la comisaría, cortesía de aquel oficial de policía que hizo la vista gorda, tras recorrer todo el pueblo detrás de nosotros, por exceso de velocidad. Veo aquel *ranger* fornido y de rostro quemado por el sol, en ese bosque a medio camino de una de las cumbres de Yellowstone. Entusiasmado, dibuja sobre la arena el trazado del Camino de Santiago; mientras, mi hermano y yo miramos a todos los lados, acojonados de que apareciera un *grizzly* como el que se había comido un turista la semana anterior.

El juego de lentes del caleidoscopio crea ahora formas e imágenes del año largo en la embajada de España ante la OSCE, en Viena. Me veo pedaleando temprano a la oficina para ponerme al día con Felipe, mi compañero peruano-español, y leer los informes diarios sobre el espacio OSCE y algún telegrama; se los contamos a contrarreloj a la embajadora en el coche —el conductor austriaco de alguna forma siempre logra sortear tranvías y viandantes— en dirección al Hofburg y los diálogos políticos de esa Unión Europea, cuyo Consejo presidimos. «Madrid» nunca enviaba instrucciones y «Bruselas» improvisaba la aplicación del entonces nuevo Tratado de Lisboa. Aun así, no nos iba mal en la diplomacia de alfombra roja, declaraciones, embajadores que se daban codazos, conflictos que nunca resolvíamos y «diplomáticos» rusos que te pedían sibilinamente, en sus emboscadas de pasillo o cuarto de baño, los borradores de declaraciones sobre Georgia u otros países postsoviéticos. Nos enorgullecía representar a España, aunque para nuestro país, camino de la crisis, no existíamos. Iniesta marcó el gol, ganamos el Mundial y esa noche recorrimos Viena como en las marchas triunfales de las películas de romanos. Recuerdo al sueco que me pasa sin parar *snus* para colocar bajo el labio superior y aquel bar latinoamericano con remedos del pulpo Paul por todas partes. Nos veo a la mañana siguiente en sesión de Jefes de Misión UE, con media embajada ausente; Pablo, un amigo diplomático, y yo nos bebemos las botellas de agua de la presidencia belga, mientras su embajadora francófona habla de riesgo de «buagg» (guerra) en algún rincón del Cáucaso.

El caleidoscopio recrea de pronto imágenes y caras familiares de mis años, algo caóticos, en los Balcanes. Aparece Bosnia, con sus nieblas y ese valle del río Drina que discurre junto a Foča (Twin Peaks para los amigos), mi lugar de trabajo. Sale ese Sarajevo donde conocí la cultura sefardí —en parte, por los milagros de nuestra embajada allí, con su parco presupuesto cultural, tras los recortes que llegaban de Madrid—, de la que casi no me habían hablado en el colegio. Aparecen escenas de nuestros encuentros nocturnos en Baščaršija, la parte vieja de Sarajevo, y ese antro llamado Pussygalore, mi segundo hogar. Jairo, gallego, le dice a Toribio, diplomático y gran vividor, que la embajada podría traerse alguna vez «un par de gaiteros gallegos» en vez de tanto flamenco. Veo a esa señora bosnia que nos para en plena calle a Diana, mi amiga canadiense, y a mí, y me da un abrazo y las gracias cuando se entera de que soy español; dice que los militares españoles les ayudaron mucho en Mostar, durante la guerra. También veo a una atractiva Natalia Verbeke, con ese vestido plateado, presentar *Las mujeres del sexto* en aquel pabellón, durante el Festival de Cine de Sarajevo de 2011. Me veo conduciendo con Mercè, mi amiga catalana de la OSCE, por esa carretera junto al Neretva, entre cañones. Vamos rumbo a Mostar, a la inauguración de la plaza de España por el rey Juan Carlos, quien nos saluda allí, caminando con visibles problemas; nosotros respondemos con un patético «¡Eh, rey!». Las noticias de esa España cuya labor se conmemora en Bosnia siguen empeorando y en la tele salen, tras Libia y Siria, imágenes de Madrid y Barcelona y los indignados. Gana Rajoy y yo sigo en Bosnia este, donde llegan nevadas y días oscuros. Inga, una cineasta bosnia en trámites de separación de un barcelonés, me hace ver *Torrente*, pues, dice, es clave para entender la España actual. A mí me cautiva *Biutiful* y Javier Bardem como Uxbal.

Jugándome una mala pasada, el caleidoscopio recrea la dulce imagen de mi pareja de entonces, Andrea, a contraluz. Suena *El corazón*, de Arno Elías. Sabe que no estoy escuchando la música, distraído por esa chica bosnia. Cosas de la vida, al año siguiente, en Albania, donde ahora me lleva el prisma de las maravillas, no dejo de escuchar esa canción y rasguear sus notas. Esa etapa en Tirana fue muy española, en cierto sentido. Aparece una fábrica abandonada junto a las vías del tren donde vi *Pa negre* en catalán, y otras películas. Descubro a Leonor Watling en *Son de mar* y también su banda, Marlango, y entran para quedarse en mi panteón Love of Lesbian y su «1999». Al igual que en Sarajevo, esos trozos de la España más plural y enriquecedora contrastaban con un trabajo que podía ser frustrante y la creciente nostalgia por una «casa», en mi caso, disgregada por el globo. Volvemos a ganar, ahora la Eurocopa, y lo celebramos en la residencia de aquel embajador alemán del que prefiero no acordarme mucho. España, sin embargo, sigue dando malas noticias. Me veo en mi despacho acristalado, leyendo en internet noticias de las manifestaciones masivas de independentistas en Cataluña. Me preocupan hondamente, aunque ilusionen a Montserrat, otra amiga catalana de la OSCE que cuida perros maltratados en un hogar en las afueras de Tirana. Montserrat y yo discrepamos, y aunque nos puede el afecto mutuo, no sé hoy si volveremos a hablarnos como entonces. Giro una última vez el caleidoscopio, que me enseña la costa albana y esa playa donde desembarcó César en busca de Pompeyo, y el Radio, quizás el único bar *indie* de Tirana. La última imagen es la de esa soleada mañana de otoño de 2013, camino al aeropuerto, cargado de paquetes como un *sherpa*, tras abrazar a mis amigos.

Hoy, pienso que España es un espacio público que hay que proteger, y un proyecto que renovar, como Europa, sin hipotecas del pasado. Una comunidad política casi tan diversa como las imágenes de este caleidoscopio, y un gran país también. Hay que recordarlo, sí, pero eso no basta, eso no es una visión: debe ser una tierra abierta, de oportunidades, capaz de adaptarse al siglo XXI, una tarea a la que quiero contribuir. Por mi parte, estoy en paz con ser vasco, ciudadano de Madrid y vecino de Lavapiés, con raíces fuera de España, pero muchas dentro también. En cines de Madrid o en Filmin devoro las películas de mitología vasca que aparecen estos años. Los *aitas* siguen sin entender a qué me dedico en mis distintas reencarnaciones, pero insisten menos en que me vaya «fuera».

Borja Lasheras (Donostia/San Sebastián, 1981) trabajó para la OSCE en Viena y unos años en los Balcanes. Colaborador de *El Mundo* y *Letras Libres*, ha dirigido la Oficina en Madrid del Consejo Europeo de Relaciones Exteriores (ECFR), un *think tank*, y actualmente trabaja en Presidencia del Gobierno. Es autor del libro *Bosnia en limbo: testimonios desde el río Drina* (UOC 2017, traducido al inglés por Ibidem 2018).

Hola, España, gracias

Katherine Robinson

“A menudo, los taxistas notan mi acento y me preguntan de dónde soy. Muy a menudo surge la pregunta: «¿No echas de menos tu país?». La respuesta es fácil y sincera: «Nací en Inglaterra, pero éste es mi país».”

El día de mi boda. Un maravilloso día soleado de septiembre en Segovia. Durante el banquete, mi padre dice unas palabras. Cuenta una historia. No era la primera vez y probablemente tampoco la última. Aun así, nunca me canso de recrearla.

Es la historia de mi primera experiencia en tierra española. Yo tenía doce años. Mis padres, unos cuarenta. Unas vacaciones en la isla de Mallorca. Este viaje era distinto por muchas razones: era la primera vez que cogíamos un avión, la primera vez que viajábamos al extranjero juntos (aunque yo había visitado Francia anteriormente con la escuela y no me causó mucha impresión) y, claro, era la primera vez que visitábamos España, país que acabaría siendo mi lugar de residencia.

Estaba tan emocionada. ¡España! El lugar al que mi mejor amiga, Sarah-Louise, iba cada año para volver con mechas rubias doradas al sol y con un bronceado que, a mí, pues siempre íbamos juntas, me hacía desentonar al resaltar todavía más mi palidez inglesa. ¿Qué nos encontraríamos allí?

Al aterrizar, miré el hermoso horizonte; una masa de luces centellantes y deslumbradoras. Mi cara, aplastada contra la fría ventanilla del avión, y mi estómago del revés de tanta emoción. Cuando bajamos del avión nos sorprendió el aire cálido de esa noche de verano, que confundimos con el soplo caliente que irradiaban los motores del avión. Cuál fue nuestra sorpresa al descubrir que esa temperatura era la normal.

Considero que debo explicar que mi ciudad natal es Durham, también conocida por ser la ciudad donde se rodó la película *Billy Elliot*. Se encuentra muy cerca de Escocia; el clima es frío y húmedo y, con mucha suerte, tenemos como mucho unos pocos días soleados al año. No es extraño tener la calefacción encendida durante el mes de mayo. Hasta el día de hoy, cada vez que hablo por teléfono con mi familia, y en especial con mi madre, ella siempre me hace la misma pregunta: «¿Qué tal tiempo hace por allí?». A lo que suelo contestar que el tiempo es bueno, agradable y soleado. La respuesta invariable de mi pobre madre es: «Aquí hace frío y está lloviendo, para variar».

De todas formas, y para no perder el hilo de la historia, quiero contar que pasamos una fantástica semana en Mallorca. Tapas, playas y gente tan agradable o más que el propio clima. Durante el viaje le dije a mi padre: «Algún día viviré en España, papá, ya verás».

Aquí termina el monólogo de mi padre, pero, evidentemente, no la historia. Y aunque no recuerdo con claridad cuándo sucedió exactamente, nunca olvidaré esa primera experiencia en esta maravillosa tierra y su forma de vivir, y lo mucho que me entristecí cuando subimos al avión que nos llevaría de vuelta a Inglaterra y que señalaba el final de nuestras vacaciones.

Con el tiempo, mi sueño de vivir en España acabó siendo una realidad. A finales del año 2004 me surgió una oferta laboral como corresponsal en Ibiza de una revista de música electrónica con sede en Londres. Durante mi estancia allí, algo cambió dentro de mí para siempre. Aquellos atardeceres de tonos rosados y púrpura, las sinuosas calles de Dalt Vila, el sabor de la salsa alioli con pan y los boquerones en vinagre. Y las fiestas y celebraciones rodeadas de gente simpática, alegre y muy divertida.

Cada vez que pensaba en volver a Inglaterra, intentaba pensar en otra cosa, pero dentro de mí sabía que me sería imposible. Me daba igual que mi carrera periodística estuviera empezando a despegar profesionalmente en la capital británica, en la que había vivido los últimos cinco años. Todo en lo que podía pensar era el cielo de Londres, oscuro y gris, gris, gris. ¿Cómo podría volver a eso?

«Voy a mudarme a Barcelona durante unos meses, seis como mucho, o quizá un año», pensé. Si no me gustaba la vida allí, siempre cabía la posibilidad de volver a mi país. El caso que no fue así y nunca regresé; aquí estoy ahora, con treinta y siete años de edad y casi catorce de vida en España, y ningún plan de volver al Reino Unido. Aunque estoy orgullosa de ser británica, ya no encajaría allí, estoy demasiado acostumbrada a la vida en España, la cual considero mi hogar. Aquí soy muy feliz.

Son los pequeños detalles. Cosas tan comunes como ir a comprar una barra de pan recién hecha cerca de la oficina y que el propietario pregunte por mis hijos, aunque no los conozca. El olor de la dama de noche durante los veranos de vacaciones en Marbella. Si hay un olor más agradable, todavía no lo he encontrado.

Es la forma tan expresiva del lenguaje. Que existan palabras que no tienen una traducción al inglés, como estrenar o chotear. Las palabrotas en español, que fluyen naturalmente de la lengua, y que son tan imaginativas y, a la vez, un poco siniestras. ¿Cómo puede ser posible —pido perdón al lector— que pueda uno *cagarse* en todo? ¡En la leche, en tus muertos y hasta la madre que te parió!

Es la franqueza, la sinceridad y la falta de tonterías. Esa persona que acabo de conocer y que me puede decir: «Tienes que salir y tomar un poco el sol, que estás muy pálida». Y que esto no se diga de una manera ofensiva, sino coloquial y amistosa.

Son las cosas importantes: la forma en que la familia es la piedra angular. Los domingos almorzando juntos; los hijos, que hablan con sus padres a menudo, incluso todos los días. Se vive de cerca, unos de los otros, se trabaja juntos y se haría cualquier cosa por un familiar.

La manera en que los niños y bebés son adorados y bienvenidos en todas partes. El ver a los niños cenando con sus padres en restaurantes a la hora en que la mayoría de los niños británicos ya llevan tiempo metidos en la cama.

Es la alegría de trabajar en una empresa que amo. Soy la editora en el departamento internacional de la revista *¡Hola!* ¿Hay algo más español que el *¡Hola!*? Se fundó en Barcelona en el año 1944 como una revista de veinte páginas y un precio de dos pesetas, con unas ventas de 14.000 ejemplares. Gracias a su factura profesional, elegante y popular al mismo tiempo, y a sus maravillosos y exclusivos reportajes, ya es conocida por todo el mundo: 30 ediciones internacionales en 12 idiomas, 9 páginas web y presencia en 120 países con 20 millones lectores y 20 millones más online. Aquí, en España, todo el mundo adora la revista. Te la puedes encontrar en cada peluquería, sala de espera y en un buen porcentaje de salones en el país. Me encanta ver las caras de la gente iluminarse y acribillándome a preguntas cuando digo dónde trabajo.

Es el recuerdo de los viajes por España. El verano antes de mudarme de Barcelona a Madrid, arrojé una mochila y una tienda de campaña al maletero de una camioneta e hice un viaje por todo el país con mis mejores amigos. Nos maravillamos de ver el paisaje cambiar drásticamente a medida que pasaban los kilómetros. Desde las interminables colinas verdes del norte hasta las pintorescas plazas y calles a la sombra de la majestuosa catedral de Santiago de Compostela, pasando por la dulzura de las casas blancas y playas del sur. No recuerdo mayor impresión que ver por vez primera la Alhambra, ni me olvido de las lágrimas que de forma inesperada resbalaron por mi rostro al escuchar a un cantante de flamenco en Sevilla.

Es la pasión de los españoles, que transmiten y contagian en todo lo que hacen. Me llevó un tiempo darme cuenta de que la gente no estaba discutiendo, ni estaban enfadados, sino que era así como hablaban entre ellos; con la voz alta y con las manos en aire y esos ojos tan expresivos.

Es la sensación de pertenencia, aunque sé que siempre destacaré un poco y llamaré la atención. No importa cuántos años pasen, creo que nunca perderé por completo mi acento inglés; tampoco acertaré a pronunciar bien la doble erre, cosa que mi hijo de cuatro años hace fácilmente. Pero eso también está bien. Creo que me da cierta personalidad. En mi país, soy igual que todos los demás, pero aquí soy de alguna manera diferente y me siento especial.

Dejar atrás familiares y amigos nunca es fácil, pero España me lo ha compensado un millón de veces. España me ha dado tanto. No sólo las ricas experiencias culturales. Lo mejor de todo: mis dos hijos maravillosos y, por supuesto, el hombre con el que me casé ese día en Segovia. Mi marido madrileño, forofo del Real Madrid y blanco hasta la muerte como él mismo dice.

Él fue quien me introdujo al cantante Serrat y al grupo de rock Ilegales. Él fue quien me llevó a probar percebes y callos a la madrileña. El que me ayudó a entender qué significa «es lo que hay» y me explicó el refrán «en casa del herrero cuchillo de palo» por lo menos quinientas veces hasta que finalmente lo acabé entendiendo. El hombre que se arrodilló en la silla del Felipe II en el Escorial y me hizo la pregunta que lo decidió todo.

A menudo, los taxistas notan mi acento y me preguntan de dónde soy. Muy a menudo surge la pregunta: «¿No echas de menos tu país?». La respuesta es fácil y sincera: «Nací en Inglaterra, pero *éste* es mi país».

No tengo la nacionalidad española, aunque tenga derecho a ello. Todavía no estoy dispuesta a renunciar a mi pasaporte británico. España es mi país. Si consigo salirme con la mía, envejeceré y engordaré aquí y con un poco de suerte veré a mis hijos tener su propia descendencia. Tal vez algún día incluso me jubile y me vaya a vivir a la playa... ésa es la idea.

Sé que la Kath de doce años estaría encantada de la manera en que han salido las cosas. Ojalá pudiera viajar en el tiempo. «Algún día vivirás en España —me diría a mí misma—. Y será mucho mejor de lo que esperabas.»

Katherine Robinson (Durham, Inglaterra, 1980) es una periodista inglesa que ha trabajado en diversos medios de comunicación de Londres y una enamorada de la capital española. También ha vivido en Barcelona y en Ibiza; es feliz sintiendo la arena de la playa entre sus pies y el sonido del mar en sus oídos, aunque no termina de llevarse bien con el sol —la protección de factor 50 es obligatoria—. Es madre de dos criaturas que le enseñan cosas nuevas de la vida y sobre ella misma cada día. Probablemente ha visitado más sitios en España que su marido, aunque admite que se orienta de manera estrepitosa. Es más alta que la media española, lo cual le crea ciertos problemas a la hora de comprar pantalones. Durante los últimos diez años, ha trabajado en la revista *¡Hola!* y ha escrito dos ediciones del libro *Madrid City Guide* para la revista *Wallpaper*.

España abierta

Álvaro Imbernón

“La combinación de crisis económica y territorial pone de relieve los límites de la España de nuestros padres, pero eso no debería hacernos perder de vista lo positivo que heredamos de ellos: un país abierto mientras el mundo se cierra.”

Durante los últimos trece años he vivido a caballo entre España y el extranjero. Centrado en asuntos internacionales y de la Unión Europea, las preguntas sobre mi país de origen han sido constantes. En los años inmediatamente anteriores a la crisis residí en Japón, donde España era percibida como una historia de éxito. Una percepción lejana y llena de clichés pero que despertaba simpatía y encarnaba progreso. Buena parte de los momentos más duros de la crisis económica los viví en Bruselas (y Myanmar), lo que me permitió comprobar de primera mano cómo el prestigio acumulado en el exterior se desmoronaba con una rapidez de vértigo mientras escuchar español era cada vez menos extraño en el metro de la capital comunitaria. Dejamos de ser el referente del sur de Europa para formar parte del despectivo PIGS o Club Med, y nuestra influencia en las instituciones europeas e internacionales menguó. Ya de vuelta a casa, en viajes, seminarios y reuniones internacionales, he captado el interés que despertó el 15M, los cambios en el sistema de partidos y el *impasse* político de 2016. Lo que ha supuesto un verdadero *shock* ha sido comprobar en directo como la crisis catalana ha sido percibida en el exterior, incluso entre nuestros vecinos europeos que tanto nos visitan.

Si con la recesión vimos los estertores de la España de nuestros padres, con la crisis catalana retornaron los fantasmas de nuestros abuelos para buena parte desde los que nos observan desde fuera. Hemos visto a *The New York Times* recomendar *Homenaje a Cataluña* de Orwell para comprender el *procés*, referencias constantes al pasado franquista y comparaciones obscenas con Hungría, Turquía o la ex Yugoslavia. Todo ello aderezado con *fake news* y la amplificación de las redes sociales. Una muestra de que no aprendimos nada de las campañas de pro *brexit* y Trump, en las que las narrativas fueron mucho más relevantes que los hechos.

Es cierto que en España otorgamos demasiada relevancia a cómo nos ven desde fuera. Sólo hace falta dar un repaso a cómo nosotros tratamos los temas internacionales para ser cautos. No es menos cierto que vimos a un Gobierno atrincherado en Moncloa aplicando lógicas del siglo XX a dinámicas del siglo XXI con herramientas desfasadas, de forma reactiva y con desdén hacia los medios internacionales, la sociedad civil y el entorno digital. Ajeno a la batalla del relato, las imágenes y las cifras. Ni *fact checking* ni *storytelling*, el poder blando no se contempla. Es imposible ganar cuando te niegas a comparecer en el campo. Salvo que el equipo rival se meta un gol en propia puerta, como fue el caso. No se me ocurre mejor ejemplo de la idea gramsciana de que las crisis se producen cuando lo nuevo no acaba de nacer y lo viejo no termina de morir. En eso estamos.

Los independentistas catalanes han luchado contra un muñeco de paja que ellos mismos han diseñado. Una España centralista, autoritaria, atrasada e irreformable. Lo han hecho en el mejor momento posible ante el descrédito generalizado de nuestras instituciones y la mayor crisis económica en democracia, que ha generado una degradación de las expectativas generalizada. Mientras, España parece haberse quedado sin relato.

Nuestros padres supieron sobreponerse al escepticismo europeo acerca de la España posdictadura. Los argumentos negativos de raíz cultural e histórica predominaban ante los anhelos de democracia y modernización de los españoles. Sin embargo, poco a poco fue imponiéndose la idea de que España no era diferente sino un país como cualquier otro de Europa occidental que retornaba a casa tras un largo exilio. La generación de nuestros padres tenía un objetivo: superar una larga etapa de aislamiento adaptando al país a las realidades propias de su entorno accediendo al proyecto europeo. De esta manera, recuperaron la autoestima colectiva. De hecho, la narrativa de normalización de España en la arena internacional tras la dictadura vino de la mano de la europeización. La Unión Europea facilitó la apertura de la economía y ha inspirado la modernización de nuestras instituciones y políticas públicas, además de contribuir a su financiación. A cambio, España apoyó a los grandes hitos de la integración europea, tratando de posicionarse como un socio fiable. Aunque el europeísmo ha cambiado en los últimos años, parece que esta estrategia ha funcionado, ya que el Eurobarómetro muestra cómo los españoles, por debajo de la media europea, no consideran que la UE signifique una pérdida de identidad cultural y tienden a ver su nacionalidad como complementaria a la europea.

Es cierto que la resaca de la burbuja inmobiliaria hizo aflorar desequilibrios acumulados largo tiempo que emborronan esa narrativa. La recesión ha averiado (todavía más) el ascensor social, afectando con especial virulencia a los colectivos más vulnerables (inmigrantes, pobres y jóvenes). La combinación de crisis económica y territorial pone de relieve los límites de la España de nuestros padres, pero eso no debería hacernos perder de vista lo positivo que heredamos de ellos: un país abierto mientras el mundo se cierra.

Y sí: es deprimente tener que recordar que España es una democracia consolidada. Las dos principales referencias a nivel internacional (el índice de democracia de *The Economist* y los informes «Libertad en el mundo» de Freedom House) nos sitúan por encima de Francia e Italia y cerca de Alemania. Por su parte, los indicadores mundiales de buen gobierno del Banco Mundial nos sitúan en un puesto similar, aunque lastrados por la corrupción. Lo más surrealista es tener que resaltar estos indicadores cuando nos encontramos en un momento en el que la extrema derecha ha avanzado hasta cotas electorales impensables en Occidente y los «hombres fuertes» (Trump, Erdogan, Xi, Putin, Sisi, Orbán) están en auge. España comparte tendencias con sus vecinos: fragmentación y polarización del electorado, pero la respuesta a la recesión no ha sido replegarse.

Es especialmente reseñable el hecho de que España carezca de partidos políticos relevantes de extrema derecha o tinte xenófobo. Más si tenemos en cuenta que nuestro país no ha visto de lejos fenómenos como el terrorismo yihadista o la inmigración y se ha enfrentado recientemente a una gran recesión económica. Los ingredientes del cóctel que suelen potenciar a la extrema derecha.

La respuesta ciudadana a los atentados del 11M en Madrid o los recientes en Barcelona y Cambrils fue ejemplar. La capacidad de integración de extranjeros ha quedado probada tanto durante los años del *boom* como durante la recesión. La población extranjera en España se multiplicó por cinco con la entrada del milenio en tan sólo una década. En un breve espacio de tiempo, España acumuló tanta población inmigrante como otros países de Europa occidental a lo largo de décadas sin que esto supusiera un problema de convivencia ni tampoco el ascenso de fuerzas xenófobas. No hay más que observar los parlamentos de Italia, Dinamarca, Alemania o Austria para darse cuenta de que en la Europa actual se trata más de la excepción que de la norma. Encuesta tras encuesta vemos como la visión negativa de los inmigrantes es menor entre los españoles que en la media europea, mientras que la contribución de los inmigrantes es más apreciada. Cuando se les pregunta a los españoles, pocos consideran que la diversidad haga de España un lugar peor para vivir. El «chauvinismo del Estado del Bienestar» (excluir a los no nativos de prestaciones sociales) es un fenómeno que tampoco parece haber arraigado en España con fuerza probablemente porque redistribuimos poco y mal (somos uno de los países desarrollados donde el 10 por ciento más pobre recibe menos transferencias sociales). En cuanto a los refugiados, la anomalía prosigue, ya que las encuestas sitúan a los españoles a la cabeza en disposición a acoger. Se puede alegar que es una postura cínica cuando España no es destino prioritario y el Gobierno incumple sistemáticamente sus compromisos, pero, de nuevo, el contraste con nuestros vecinos es patente. En la misma línea, los españoles son grandes defensores de la libre circulación en Schengen cuando en parte de nuestro entorno se cuestiona.

A España le ha ido bien con la apertura al exterior. De hecho, la recuperación ha estado impulsada por el sector exterior y hoy el peso de las exportaciones sobre el PIB supera al de Italia, Francia y el Reino Unido, aunque aún queda lejos del de Alemania o Países Bajos. Las grandes empresas españolas se han internacionalizado y hoy los mercados internacionales suponen prácticamente dos tercios de los ingresos en el caso del Ibex 35. En cuanto al turismo, España es el segundo país más visitado del mundo con 82 millones de visitantes internacionales en 2017. También es líder desde 2001 en recepción de estudiantes Erasmus y el segundo emisor tras Alemania. Las escuelas de negocio españolas también son otro buen ejemplo de éxito de internacionalización, aunque la presencia de extranjeros en la academia y los consejos de administración sea escasa. Éste es un gran pecado, ya que, pese a disfrutar de un idioma demandado y ser un gran destino turístico, no somos capaces de atraer y gestionar con éxito el talento foráneo.

En valores es donde más se ha apreciado un cambio radical, como indica el World Values Survey. No hay más que ver como los matrimonios católicos han bajado desde alrededor del 75 por ciento en 2000 al 27 por ciento en 2016. Las encuestas globales de Pew nos sitúan a la cabeza mundial en tolerancia hacia la homosexualidad y la dictadura nos dejó vacunados frente a los «hombres fuertes», ya que los españoles suelen estar entre los que peor ven a líderes como Putin o Trump.

Al analizar tendencias globales a largo plazo queda claro que aquellos países que sean capaces de gestionar la diversidad, dar oportunidades a las mujeres, tener la capacidad de competir en el exterior y no ser refractarios al cambio son los que tienen más posibilidades de triunfar. España no parece incapacitada para ello a la vista de cómo ha abrazado el cambio. Es cierto que las asignaturas pendientes son múltiples: desigualdad, mercado laboral, envejecimiento, tensiones territoriales, brecha generacional o marco institucional, además de superar el ensimismamiento de la última década y volver a mirar al exterior. Tal vez sería conveniente alcanzar un nuevo acuerdo de país a través de una reforma constitucional para dotarnos de una nueva narrativa compartida de proyecto común. ¿Seremos capaces de lograr amplios consensos entre ideologías, generaciones y territorios cómo hicieron nuestros padres? En estos momentos parece difícil ya que el *procés* y la polarización dificultan la transacción. Ahora nos toca a los nacidos en democracia estar a la altura del reto.

Álvaro Imbernón (Orihuela, 1982) es un politólogo especializado en asuntos de la Unión Europea y Relaciones Internacionales. Socio de la firma de riesgo político Quantio e investigador nacional del Consejo Europeo de Relaciones Exteriores (ECFR). También enseña UE y Relaciones Internacionales en la Universidad Nebrija. En el pasado ha trabajado como consultor en Bélgica, Myanmar y Japón y ha colaborado con el Ministerio de Asuntos Exteriores español, la Universidad de Naciones Unidas y *think tanks* como ESADEgeo, FEPS o el Foro Económico Mundial. Además, en su tiempo libre, Álvaro ha servido como observador electoral y ha contribuido a impulsar iniciativas de la sociedad civil relacionadas con la UE y el ámbito internacional.

Homenaje a la vida

Ariane Aumaitre

"Sólo pasando años a miles de kilómetros de casa me he dado cuenta de que estos gustos, vivencias, experiencias tienen en realidad mucho que ver con el lugar en que nací."

Dicen que las personas no somos conscientes de lo que tenemos hasta que dejamos de tenerlo. Y empezando estas líneas, mientras reflexiono sobre lo que representa algo tan arbitrario en mi vida como el haber nacido en un país y no en otro, pienso que no podría ser más cierto. Tengo veintiocho años y hace algo más de seis que vivo fuera de España. Nunca me dio excesiva pena irme, más allá de separarme de los míos: a mis veintidós, no sentía un apego especial por mi país. Siempre he pensado en mi identidad como algo que no dependía del lugar donde hubiese nacido, sino de otros factores: mis gustos, mis vivencias, los libros que he leído, las experiencias que me han formado como persona.

Sólo pasando años a miles de kilómetros de casa me he dado cuenta de que estos gustos, vivencias, experiencias tienen en realidad mucho que ver con el lugar en que nací. Ahora mismo, sentada en el despacho de mi casa de Bélgica, con vistas a un cielo siempre gris, pienso en España y me viene a la mente el sol, las terrazas, los pinchos de tortilla, el bullicio en las calles. Pienso en vida, esa vida que me da energía y que no entendí hasta echarla de menos en medio de calles vacías, noches largas y distintas tonalidades de color gris.

Sería imposible trazar esa historia, mi historia, sin incluir en ella canciones de Loquillo, rimas de Bécquer, cuadros de Velázquez o victorias de Induráin. La primera vez que mamá me leyó *Adiós ríos, adiós fontes*, yo me eché a llorar, y entendí lo que era la morriña. Los días en que *chove miudiño* en Coruña, y también las tardes infinitas de junio, cuando los días nunca se acaban y las meigas arden. Las noches en que no puedo dormir y leo en voz alta *Margarita*, de Rubén Darío. Todas las veces en las que he gritado «¡Vamos, Rafa!» con el corazón latiendo a mil por hora.

España para mí es vivir de parranda, que diría la canción, y dormir de pie. Es que los cafés se alarguen hasta las cañas. Es empeñarme en ser la última de la oficina en comer, tan tarde como los estándares del decoro europeo me lo permitan. Es permitirme, una vez cada dos años, pintarme la cara rojigualda y convertirme en forofa de la Roja. Es sentir escalofríos ante el sintagma «cuartos de final». Es disfrutar de la comida, de los sabores, de un buen vino de La Rioja, de una Estrella Galicia, de una tapa de callos. Es Mediterráneo, es Atlántico, es la fuerza del mar, el verde del norte, el dorado del sur, es el sol y los días infinitos.

España es para mí, en gran medida, una enorme historia de referencias compartidas. Es encontrarme con un extraño en las calles de Bruselas y saber, conociendo sólo su origen, que es probable que haya crecido entre canciones de La Oreja de Van Gogh y El Canto del Loco, que habrá visto *Compañeros* y el *Grand Prix* en la televisión, que habrá vivido todo ese abanico de experiencias que abarcan desde el «Andreíta, cómete el pollo» hasta el «Iniesta de mi vida» en el Mundial de 2010.

España es hablar con absolutos desconocidos, si es posible durante una sobremesa más larga que la propia comida, de los dibujos animados del Club Megatrix, de la primera edición de *Gran Hermano*, de los sábados de Cine de Barrio. Es emocionarse con Bisbal y Chenoa cantando *Escondidos* diez años más tarde. Es alcanzar el apogeo de una fiesta mientras los altavoces mezclan éxitos de Ska-P con Chayanne o *La mayonesa*.

Empezaba este texto diciendo que nunca había sentido especial apego a haber nacido en un lugar. Y sigo sin hacerlo, al menos en el sentido tradicional: no soy ni nacionalista ni patriota, y las fronteras me parecen poco más que un accidente. Sigo sin sentir lazos emocionales hacia banderas o himnos, y me cuesta identificarme en el estereotipo de «flamenco, toros y paella» con que se asocia tantas veces a mi país. Pero sí siento apego, siento orgullo hacia la sociedad abierta, europeísta y liberal en que me he criado. Una sociedad que se sitúa en la vanguardia de los derechos civiles, de la tolerancia, del respeto. Esa sociedad que, en sus vivencias, en sus canciones, en sus terrazas, vive cada día haciendo un homenaje a la vida.

Ariane Aumaitre (La Coruña, 1989) es investigadora de doctorado en ciencia política en el Instituto Universitario Europeo de Florencia. Antes, estudió un máster en Análisis de Políticas Públicas en el Colegio de Europa de Brujas, donde también ha trabajado como asistente académica. Su investigación se centra en la interacción entre la integración económica europea y la política económica nacional, especialmente en las áreas de igualdad de género y política social. Colabora con diversos medios online.

Buenas razones débiles

Ramón González Ferriz

> "*Lo que me parece más significativo e importante, con todo, es que ni en los momentos de euforia descontrolada, ni en los de desolación miserable, el país en general se dejó llevar por el nacionalismo. Ni por un nacionalismo soberbio primero, ni por un nacionalismo excluyente después.*"

Mi juventud, en términos laxos, transcurrió entre la llegada al poder del Partido Popular en 1996 y el estallido de la crisis financiera global en 2008. Es probable que ser español no haya resultado más cómodo en ningún otro momento de la historia reciente, aunque las broncas políticas fueran considerables, y también los errores, y por supuesto estaría el terrorismo. La derecha sustituyó a la izquierda después de que ésta gobernara durante catorce años y no se produjo ningún cataclismo, como tampoco lo hubo cuando la izquierda relevó a la derecha ocho años más tarde, a pesar de las funestas circunstancias en que lo hizo. En 1998, el país entró en la moneda única y en 2002 la adoptó junto con el resto de los países de la primera oleada. Los periódicos competían por nuestra atención con unos recursos que hoy parecen de otro mundo y sacaban partido a un tribalismo insoportable pero normal en democracia. La cultura tenía los defectos y virtudes que es razonable esperar en una sociedad libre: la lucha generacional, el enfrentamiento entre grupos ideológicos y una combinación de vulgaridad y dinamismo, ruido y excelencia. La aprobación del matrimonio homosexual supuso un triunfo indiscutible del progresismo, pero casi resultó más conmovedor el modo en que la sociedad en general lo asumió y casi se olvidó del asunto. En todos los sentidos, alguien como yo podía sentirse europeo y moderno, pero sin las connotaciones que para la generación de nuestros padres tuvo el paso de la dictadura a la democracia: porque ahora no *íbamos* a ser normales, sino que ya lo éramos, y además estábamos camino de ser ricos. O eso creíamos.

No es necesario ponerse dramático para reconocer que durante esos doce años se produjo también la incubación de una gran mentira. Sí, el país mejoró en muchos sentidos —y algunas de esas cosas sobrevivieron a la crisis—, pero bastantes de las promesas que nos hacíamos resultaron ser completamente falsas: habíamos crecido mucho, pero de una manera temeraria y en muchos casos corrupta. Para quien quisiera consolarse, esta situación no era sólo culpa nuestra. Estábamos tan integrados en el mundo, habíamos dejado tan atrás la detestable idea de una España aislacionista, que ahora éramos víctimas de un fenómeno global; de hecho, en buena medida, habíamos podido hinchar con entusiasmo la burbuja durante ese tiempo gracias a la confianza que el resto de los países europeos había depositado en nosotros, prestándonos dinero a espuertas para alimentarla.

No estoy seguro de si mi percepción de qué significa ser español cambió cuando los años de la promesa dieron paso a los del incumplimiento. A fin de cuentas, en estos últimos hemos sentido quizá más que nunca que nuestro destino estaba vinculado, además de al de nuestro país, al del resto de Europa. Lo que me parece más significativo e importante, con todo, es que ni en los momentos de euforia descontrolada, ni en los de desolación miserable, el país en general se dejó llevar por el nacionalismo. Ni por un nacionalismo soberbio primero, ni por un nacionalismo excluyente después.

Una muestra elocuente de la ausencia de este nacionalismo excluyente, me parece, es que durante los años de gran crecimiento España acogió a un extraordinario número de inmigrantes (si en 2000 suponían un 2,28 por ciento de la población, en 2011, en su punto máximo, llegaron a ser un 12,2 por ciento), y lo hizo con ciertos problemas, pero sin que se produjera un rechazo masivo. Cuando dejó de haber empleo para todos, aunque la situación se gestionó mal, no dio lugar a una xenofobia generalizada (la cifra de inmigrantes descendió poco, hasta el 10,7 por ciento en 2014). Esto no quiere decir que no se produjeran brotes racistas, o que no surgiera cierto oportunismo político e intentos de crear partidos que explotaran los agravios frente a los inmigrantes como centro de su programa. Me refiero, más bien, a que *no se articuló políticamente* el rechazo a la inmigración. Ésa es la buena noticia. El tema no se convirtió, como en otros países de nuestro entorno, en el centro de la vida política.

Y probablemente eso tenga que ver con circunstancias objetivas, como la procedencia latinoamericana de buena parte de esa inmigración, pero también con algo difícil de precisar pero que es lo que aquí me parece relevante. Es dudoso que exista algo concreto que se pueda definir como la «identidad nacional» de cada país, pero si hubiera algo parecido, no parece que en el caso español sea particularmente robusto o asertivo. De acuerdo con un estudio publicado por el Real Instituto Elcano, «en términos comparados con los demás países europeos, la identidad nacional española es relativamente débil, como muestra el Eurobarómetro. Los últimos datos de esta encuesta, de otoño de 2015, indican que España está por debajo de la media de la UE en el porcentaje de los que se sienten "apegados" a su país [...] mientras que supera claramente la media de los que se sienten "apegados" a la UE [...]. Otro indicador aproximado a este mismo fenómeno es el prestigio interno de cada país, medido también a través de encuestas, en el que España destaca en los últimos años por su muy baja autoestima, muy por debajo de la opinión que sobre ella se tiene fuera».*

Puede parecer contraintuitivo que alguien afirme que le gusta España por lo poco que los españoles se gustan a sí mismos y, sin embargo, creo que ése es mi caso. O, por decirlo de una manera algo más sofisticada: me gusta ser ciudadano de un país que carece de una especie de «proyecto nacional» o de una «identidad» expansiva, que no está motivado por la competición entre

* Carmen González Enríquez, «El declive de la identidad nacional española», <http://www.realinstitutoelcano.org/wps/portal/rielcano_es/contenido?WCM_GLOBAL_CONTEXT=/elcano/elcano_es/zonas_es/demografia+ y+poblacion/ari50-2016-gonzalezenriquez-declive-identidad-nacional-espanola>.

sus distintas identidades, y que no promueve la cohesión interna mediante el enfrentamiento duro con otros países. Todo esto se da en cierta medida, como en cualquier gran grupo de personas, e indiscutiblemente el nacionalismo catalán ha creado algo parecido a una respuesta identitaria. Pero la baja intensidad con que se produce en el resto del país, o el hecho de que no se transforme en un discurso coherente, sostenido en el tiempo y ganador de elecciones, me parece reconfortante; sea, insisto, en momentos de euforia económica o en momentos de depresión.

Esta postura, al menos a mi modo de ver, no implica hostilidad hacia lo que llamamos «identidad nacional española». No tengo nada en contra de la bandera española (aunque no vea ningún motivo para colgarla del balcón; lo mismo me sucede con la de Cataluña, lugar en el que nací y crecí), no me son antipáticos los deportistas de éxito españoles, no creo que nuestros actuales ejército y cuerpos policiales sean peores que los de países de nuestro entorno, etc. Al mismo tiempo, esta comodidad con los elementos simbólicos o culturales que definen, de manera laxa, lo que llamamos «ser español» no implica condescendencia con los muchos problemas reales del país, que son de toda índole: desde la corrupción a la desigualdad, desde la precariedad laboral al machismo, desde la baja natalidad a la endémica inestabilidad económica. Pero estos problemas no se refieren a la españolidad. Por regresar a los términos de los debates intelectuales entre Ortega y Gasset y Azaña, no tienen que ver con la «nación» española, sino con el «Estado» español; no es que exista una maldición nacional, es simplemente que no hacemos las cosas tan bien como debiéramos.

La incubación de la crisis durante nuestra juventud, su estallido en 2008 y las previsiblemente largas y dolorosas secuelas que continuará provocando serán, creo, el rasgo definitorio de lo que para la gente de mi generación significará «ser español» el resto de su vida. Es decir, vivir, trabajar, crear una familia o simplemente intentar salir adelante en España. Pero también definirán nuestra relación con la política, más allá, por supuesto, de la crisis catalana, que en buena medida fue también una consecuencia del rápido deterioro de la economía fruto de la crisis.

Incluso en este aspecto, en la respuesta a la tremenda crisis política que siguió a la económica, y que la acompaña todavía hoy, hay algo que hace de España un lugar razonable: muchos ciudadanos españoles se sintieron defraudados, y con buenas razones, con el sistema de partidos y se produjo una crisis de representación profunda y motivada. La solución fue la más civilizada posible: apareció un nuevo partido, Podemos, y Ciudadanos, hasta entonces un partido de carácter regional, adoptó un perfil nacional. El sistema les dio capacidad para competir, los integró en las instituciones y quién sabe si no nos gobernarán en un futuro próximo. A pesar de su necesaria reforma, en ese momento el sistema constitucional funcionó. Aunque continúa existiendo desapego por la marcha de nuestra política, e independientemente de la opinión que merezcan esos dos partidos, que la mayor reacción de los votantes españoles fuera abandonar —moderadamente— a los partidos tradicionales para optar por unos nuevos me parece no sólo una admirable muestra de pragmatismo, sino de identidad fluida. Más aun cuando ninguno de estos dos partidos tiene un programa xenófobo y ambos siguen buscando cómo integrar la idea de «nación» en su oferta política.

España tiene innumerables carencias, pero su carácter no es una prolongación del espíritu de 1898 ni del de 1936. Que carezca de una identidad fuerte que rechace a las demás, o de un claro propósito geopolítico (más allá de la ya conseguida integración europea), o hasta metafísico, me parece una bendición. Quizá sean razones débiles para que te guste España, pero, visto lo visto, en absoluto contradictorias.

Ramón González Férriz (Granollers, Barcelona, 1977) es editor y periodista. Actualmente es columnista de *El Confidencial*, y antes fue responsable de la edición española de la revista *Letras Libres* y director del semanario *Ahora*. Es autor de *La revolución divertida* y *1968. El nacimiento de un mundo nuevo* (ambos en Debate).

Estar siempre volviendo

Ángela Paloma

> *"La cuenta. Pago yo. No, pago yo. No, de verdad, pago yo. He dicho que pago yo, y no se hable más. Esto es España."*

Sosiego. Las manos entrecruzadas que sostienen dulcemente la barbilla. Los codos apoyados en la mesa y en la boca una mueca de reflexión. Los ojos absortos en una copa de vino blanco en la que brilla al trasluz el reflejo de las personas que vienen y que van en pleno barrio del Born en Barcelona. Vienen de hacer su día, van hacia todas partes. Eso es España. Un sorbo frío para respirar. Que sean dos. Huele a volver.

Me inventé a Gabriela Abad Real, Gaby para los amigos, una noche de julio en mitad de un silencio que me interrumpía hasta quebrar los pensamientos de los que cada día intentaba huir. Hubo un tiempo en que la soledad era eso. Huir. Hubo un tiempo en que emigrar también era eso: volver a huir. Lo cuento en *A Praga desde la Mitad del Mundo*. Gaby refleja las historias de muchas de las personas que se han ido, de las que han vuelto, de las que no quieren volver pero sueñan con hacerlo. Según el INE, en 2017, los datos de emigración tocaron máximos históricos: más de 2,4 millones de personas en el extranjero, y siempre más mujeres que hombres fuera de casa. Más mujeres.

Bendito momento en el que Gaby, en ese libro, decidió volver... aunque ya fuera tarde. Que no se te haga tarde a ti. Eso cuento en ese libro. Que no se te haga tarde. Praga no es sólo una ciudad, es un viaje, una invitación a vivir. Es un momento. Es la metáfora de querer llegar hasta donde siempre soñaste que debías estar. Es la felicidad. La felicidad de volver, de ser, de hacer, de sentir, de soñar. Volver es eso también: decidir, no huir. Gaby es esa persona, que son todas, el talento infinito de un país ingobernable, el país soleado de los que se van, la lluvia serena de abril de los que se quedan, las plazas vacías de julio, las terrazas en primavera bañadas de vino y cerveza, la chicharra del campo, el ascensor de la Torre Picasso, la Plaza Mayor en Navidad, mi pueblo.

Fernando me dijo en Quito que como fuera de casa en ningún sitio. Que mi madre no lo oiga porque le pone delante unas migas manchegas que quitan el *sentío* a cualquiera. Gemma se va para volver, porque Málaga es demasiado grande como para no vivirla. Rosa se marchó de Lérida, ya ha vuelto y ha vuelto a marcharse, también, para estar siempre volviendo. Amigo, ponga otra copa de vino. Paula, el vino y Soria son un mismo capítulo abierto. Paula, la educación y su sonrisa eterna. De bodegas en España ella entiende un rato. Yasin y el abrazo de su madre después de no verlo durante dos años fue un suspiro para los que ya regresamos. Jaén, el talento, la juventud y Yasin son la misma cosa. Camelia es de Colombia, que la traiga a España, me dice. Recuerdo a Felipe en Chile entre risas, conversaciones y sueños por cumplir. Se despide de Ecuador para siempre estar volviendo a España. A España. Adrián aceptó un baile irlandés, se casó, se marchó a Australia a vivir. Huesca siempre lo espera. Él quiere una casa con jardín, pero en Huesca. Paloma no puede hacer en Madrid tartas de chocolate tan exquisitas como las que hace en la costa ecuatoriana. Lo sé bien... porque queremos que las haga mejor. Aquí. En casa. ¿Sería? Será. Es.

Volver... Volver es la causa de nuestro presente. Lo fue del mío. Del presente de los que se van. También de los que nos fuimos. Y de aquellos que hemos vuelto. Incluso de los que nos volveríamos a ir. Nosotros podemos volver, pero si hay algo que jamás podría volver es el tiempo... El tiempo es el que se va y ya no vuelve. España no se va a ningún sitio, es el tiempo el que se va y tú cuando decides irte o quedarte. Y una decide dónde pasar ese tiempo. Volví ante la maldita putada de no poder seguir. Volví porque tenía que volver. Oler mi casa. España es ese viaje que no termina, entre lo indefinido y la incerteza. Incertidumbre, la que crean los que dirigen este país mientras sabemos que no saben qué hacer con España. España también es el viaje de la certeza de sentirse viva. Tremenda contradicción, ¿no? Pero así es. Porque España la haces tú, cada día. España se hace contigo, se vive contigo, se respira contigo, se disfruta contigo, se sueña contigo, se crea contigo. España es contigo. Sin nosotros no hay España. Volver a España porque estás tú, porque quiero estar yo. Porque quiero vivir y compartir. Y vivir nuestro país, porque vivas donde vivas y vayas donde vayas, siempre querrás volver. Vivir.

Del sosiego a la ininterrumpida conversación. Ponga unas patatillas, que hay hambre. Nada. Una buena tapa, como en La Mancha, mi tierra. No sabes lo que me ha pasado hoy. Qué te ha pasado. Madre mía, madre mía. Virgen Santa. Qué te ha pasado. Qué fuerte. Fuertes y valientes, las personas que se van, las que vuelven. Joder, qué rico esto, ¿no? Como te decía. ¿Decías algo? Nada. Que como en España en ningún sitio. Eso es España, querer estar, querer saber que estás. Es empezar el descenso del avión que te trae a casa. Es empezar a ver las casas a los lejos, chiquitas, como hormigas que se mueven cuando parecen estar quietas. Es empezar a ver las carreteras que van hacia todas partes, como cordones que unen un mismo zapato que echa a andar, carreteras que conectan todos los lugares que nos enamoran, a los que queremos ir todos los fines de semana que no nos queremos quedar en Madrid. Es recoger las maletas y decir «allá voy», allá están ellos, esperándome. Es el abrazo y el llanto, es oler a tu hermana, a tu madre y decirte a ti misma, en el símil de la inconsciencia, estoy en casa. Y déjame que conduzca yo el coche, que tengo ganas de llegar a Castilla-La Mancha, en coche, mientras el resto dormita entre campos de olivos y uvas blancas, ésas que cubren nuestra tierra dorada mientras Cervantes coge su pluma para ilustrar con palabras el tiempo que desconocemos y que otros admiran porque ya, Don Quijote, se encargó de plantar su locura. Ah, y la plantó entre el trigo. ¿Para qué? Para que la leyésemos todos. Vivan los locos, las locas. Bendita locura, la de arriesgar, la de atreverse, la de crear bajo el sol semejante maravilla. Puertollano y mi casa. Porque, cuando te vas tantas veces, ¿dónde queda el hogar?

Cómo no conocer de dónde viene una. Los sueños, venerable destino que se nos olvida a veces para estar siempre recordando de dónde venimos. Que vienen más amigos a verte. Pide otra ronda entonces. Qué bien sabe volver a casa. ¿Y entonces? Entonces bajé del coche y aspiré el olor a leña, quieta, inmóvil, suspendida. Ahora sí, ya estoy en casa, me dije. Ahora sí, la leña, y el aire que azota las chimeneas de las casas bajas donde todos viven. Y esa salita con esa mesa camilla y en mitad un brasero. ¿Un brasero? Sí, eléctrico. Ya no sabemos dónde quedaron los de picón, como el que ponía mi abuela en Andalucía cuando íbamos a verla, porque a ver, claro, cómo iban a pasar frío los niños, que luego vienen los mocos y los resfriados y el dolor de garganta. Ni hablar. Enciende el brasero de picón.

Puertollano y Argamasilla de Calatrava. Ahí estaba María, la vecina, que se enteró de que volvía y quiso estar la primera para recibir el regreso. El abrazo y el beso. No te vayas más, hija, a esas tierras, con lo bien que se está en casa. Y qué razón tiene. El amor. El beso. El abrazo. Tu familia. La vecina y los bollos que trae recién hechos para merendar. ¿Pedimos el café? Pídelo. Cortado. Manchado. Solo. Café y el aroma interminable de las palabras en boca de la gente que quieres. El chisme, lo curioso, la noticia, el qué dirán, el qué dijeron, lo que nunca sabrán. ¿Y el novio? Déjate de novios y disfruta, hija, disfruta.

¿Y el trabajo? Mucho. En España sobra trabajo. Lo que faltan son empleos dignos. La dignidad. Otra cosa es lo que vemos, leemos y oímos. La televisión, un hervidero de lo que no queremos oír. La radio, la voz de los que nos dan la razón. El periódico, la colección de sucesos que no deberían ser. Y, sin embargo, España es eso, volver, volver a respirar sosiego, paz, tranquilidad, la que no nos da el trabajo sin empleo pero que sabemos encontrar en la gente, en el cine, en el teatro, en la calle, en las cafeterías, en los barrios, en la picardía de las niñas, en el juego de los niños, en la carcajada, en el saludo a voces, en el grito amable, en la calle, sí, en la calle, otra vez, al sol, en las terrazas de las ciudades y los pueblos. Nos queremos por cómo vivimos, por cómo nos unimos, por cómo sobrevivimos, por cómo vemos que deben ser las cosas para que todo sea. Somos nosotros, España, su gente, sus cuestas y su risa, su esfuerzo, su lucha, sus costumbres, sus lenguas, su historia y su cultura. Y lo viejo que, para nosotros, cada día es nuevo.

Sosiego. Y el deseo de volver. La cuenta. Pago yo. No, pago yo. No, de verdad, pago yo. He dicho que pago yo, y no se hable más. Y, a la playa, ¿cuándo? Ya, pronto. Vigo, Cádiz, Santander, San Sebastián, Barcelona. Qué ganas. Galicia, amigas y ostras. Las Cíes y una canción. Andalucía y los amantes. Cantabria y el desnudo. País Vasco y la locura. Cataluña y la pasión. Cuánto echaba de menos esto, sentirme segura, en casa. Mucho. Por eso he vuelto, para irme otra vez, pronto, y estar siempre volviendo. Volver para escribir, sentir y volver, hasta que se me acabe el tiempo o el tiempo ya no vuelva, o el tiempo deje de existir. No pierdas el tiempo. Y qué seríamos nosotros sin tiempo para estos ratos... Porque, amigas, lo mejor de la vida son estos ratos. Risas, carcajadas, y entonces cuéntame, los amores, el amor escondido, el sexo tras las esquinas de lo castizo, el joven, el oculto, la aventura y el delirio que siempre será. Y qué sería de nosotros sin estos ratos. Por eso he vuelto. Por eso hay que volver. España era esto, es esto. Volver. Volver a irse y estar siempre volviendo.

Ángela Paloma Martín Fernández (Puertollano, 1985) es periodista, candidata a Doctora en Género y Política, asesora política y consultora de comunicación en más de seis países entre los que se encuentran España, Ecuador, Panamá o República Dominicana. Además, es profesora asociada en la Universidad Carlos III de Madrid y tiene un máster en Comunicación Política y Corporativa por la Universidad de Navarra & The George Washington University (Graduate School and Political

Management). Ha impartido conferencias en Perú, Argentina, Alemania (Deutsche Welle y Universidad de Rostock) y Noruega, donde ha expuesto investigaciones relacionadas con la igualdad, la acción política de las mujeres y la presencia de las mujeres en la política para la movilización del electorado femenino. Es autora de *A Praga desde la Mitad del Mundo* (Libros.com, 2017), *Se llamaba Alfredo... Las claves de una derrota electoral inevitable* (LAERTES, 2013, <www.sellamaba-alfredo.com>), y de diferentes libros en colaboración. En mayo de 2014, fue destacada por la revista *Vanity Fair* como uno de los treinta jóvenes españoles con menos de treinta años que han despuntado en sus profesiones, y en 2016 fue galardonada como una de las doce mujeres más influyentes en el mundo de la comunicación política con el Victory Award que recogió en la Universidad de Georgetown, Washington D.C.

Suspiros de España

Ricardo Dudda

“La identidad debería ser algo plural y algo un poco absurdo e incomprensible y contradictorio, y no un sentimiento monolítico y cerrado.”

Un día de abril, en Kiev, sentí brevemente lo que es la pertenencia y las raíces. Me habían invitado a la capital ucraniana para hacer un reportaje sobre Eurovisión, pero todos los periodistas invitados escribimos sobre la revolución de Maidán y la guerra con Rusia. Nos enseñaron la ciudad para demostrarnos que es abierta, cosmopolita y moderna. Realmente lo es. Después de visitar su patrimonio nos llevaron a un museo de arte contemporáneo. A la entrada nos esperaba una guía que me recordaba a alguien, o a la mezcla de varias personas conocidas. Se parecía a mi abuela paterna, a la que no conocí, y un poco a mi hermana y a mi padre. Sus rasgos eslavos me resultaron familiares y cálidos. La sensación que me produjo me dejó todo el día melancólico. Me sentí estúpido, como si me hubiera enamorado, y aunque no me acuerdo de su cara me emociono un poco al recordar el momento. Me fui de paseo junto al río Dniéper, donde dice mi padre que mi abuelo luchó con el ejército nazi. Algún día tendré que comprobarlo de alguna manera.

Mi padre nació en 1940 en lo que ahora es Elblag, Polonia. Cuando él nació todavía formaba parte de Alemania. Con cinco años, escapó con mis abuelos y mis tíos hacia el oeste, ante la llegada del Ejército Rojo. Durante una década vivieron en diferentes ciudades alemanas, primero en campos de refugiados y alojamientos precarios, hasta establecerse en Essen, en la región de Westfalia. A los veinticuatro años, se mudó a España, y aún no ha vuelto a vivir en Alemania.

Mi padre es más español que muchos españoles, y vivió los últimos años del franquismo y el inicio de la democracia en Andalucía. Cuando se reúne con sus hermanos, hay diferencias insalvables, de códigos y costumbres. Y, sin embargo, mi padre no es español, nadie lo considera español, y mantiene todavía su nacionalidad alemana.

Creo que su manera de ver la identidad y la pertenencia, aunque ha virado hacia un cierto nacionalismo de baja intensidad en los últimos años (puso una bandera de España en la valla de su casa en el campo después de la declaración unilateral de independencia de Cataluña; cuando me quejé, añadió también la bandera alemana), es la misma que tengo yo. El sentimiento de pertenencia es algo absurdo, contingente, a menudo inexplicable. El encuentro con la mujer ucraniana en Kiev me lo demostró. Las raíces, la identidad son una cara, un olor, un cuadro, la esquina de un edificio o el sonido de las cigarras en verano a las cuatro de la tarde. Viví diez años en Murcia, junto al mar, y por eso también cuando viajé a Israel me sentí un poco como en casa: las buganvillas, el Mediterráneo, la luz, la humedad. Me siento en casa entre ucranianos, que me recuerdan a mi padre y a mi hermana y a mi abuela, y entre israelíes askenazis, que son como mi padre, mi hermana y mi abuela, pero en un contexto mediterráneo.

Toda esta introducción me sirve para realizar un elogio de España como nación multicultural, abierta y tolerante. España ha permitido que mi padre, un prusiano amante de Andalucía, que hace siempre que puede la romería de El Rocío, se case con una mujer leonesa veinticuatro años menor que él en una ceremonia civil en una casa de pueblo a las afueras de Madrid. Hay muchas historias parecidas sobre Estados Unidos, un país de inmigrantes. Pero es difícil defender Estados Unidos ahora, cuando está en un momento nativista y populista. Y, en general, incluso antes de Trump, vivir en Estados Unidos es peor que vivir en España o Europa. España ha permitido a mi padre ser español y alemán, ser burgalés y andaluz, y ser un alemán jubilado en la Costa Cálida de Murcia.

La identidad debería ser algo plural y algo un poco absurdo e incomprensible y contradictorio, y no un sentimiento monolítico y cerrado. Aunque siempre hay que coger con pinzas los análisis de caracteres nacionales, creo que la actitud relajada de los españoles respecto a la identidad nacional permite el cultivo en libertad de identidades múltiples y diversas. Al no existir una identidad nacional fuerte (según un estudio de la UNESCO del año 2000, España es de los países con menor sentimiento nacional del mundo; otro estudio de la Comisión Europea en 2015 muestra que España está «4 puntos por debajo de la media de la UE en sentimiento de apego a su país, mientras que la excede en 7 puntos cuando se trata de afecto a la UE»), las identidades pueden ir más allá de la política; hay identidades que no deberían tener articulación política.

La identidad está muy unida a la autoestima, y creo que la autoestima baja de los españoles tiene algo positivo: somos muy autocríticos y tenemos un humor *self-deprecating*, como dicen los anglosajones. Sabemos reírnos de nosotros, lo que es algo muy sano y maduro. Cuando en abril de 2017 se reabrió la disputa entre el Reino Unido y España por Gibraltar (realmente fue una excusa de los británicos más nacionalistas para darse golpes en el pecho después de la cagada del *brexit*), el diario *The Sun* regaló un póster que decía «*Hands off our rock*», algo así como «Quitad las manos de nuestra roca». La respuesta española, en general, fue un levantamiento de cejas irónico. Podéis quedárosla, pesados.

Nuestra baja autoestima nacional tiene también, obviamente, aspectos negativos. Según un estudio de la OCDE, «la satisfacción con el funcionamiento de la democracia en España es sistemáticamente inferior al promedio de los países europeos». Un 23 por ciento de los españoles cree que puede influir en lo que hace el Gobierno, frente a un 33 por ciento de la media de la OCDE. Tenemos muchos problemas de precariedad, movilidad social y confianza en las instituciones. Hay quienes argumentan que nuestra postura laxa con respecto a la identidad nacional ha ayudado a los nacionalismos periféricos. Y hay mucho por hacer en temas sociales. Pero España es, en términos generales, un país plural y libre que cree en la diversidad. Hace cuarenta años estaba gobernado por un régimen autoritario y fundamentalista católico y hoy es uno de los países más tolerantes del mundo con la homosexualidad y las causas LGBTQ. Madrid, durante el World Pride Day, celebró la libertad de ser y amar como uno desee. Es la ciudad más libre del mundo. Es también una de las ciudades más seguras; de hecho, España es uno de los países más seguros del mundo.

Un nacionalista catalán pensará que estos elogios son muestra de un nacionalismo español. Existe el nacionalismo español, claro, pero no es ni de cerca comparable a otros nacionalismos. Creo que la identidad nacional española se reduce a una afinidad instrumental hacia un espacio político que garantiza tus derechos y libertades (un Estado-nación a veces más Estado que nación), y luego microafinidades sentimentales a nivel regional y local. No hay una monserga esencialista e identitaria que lo permea todo, como en otros países. Puedo soportar las peleas inocentes e inofensivas entre Villa de Arriba y Villa de Abajo, y si es mejor el chorizo de aquí o de allá. Son discusiones simpáticas, que en cierto modo dan algo de vitalidad a la convivencia. España me gusta, en definitiva, porque me permite respirar.

Ricardo Dudda (Madrid, 1992) es periodista y miembro de la redacción de *Letras Libres*. Escribe en *The Objective* y *El País*, y ha colaborado en medios como *Playground* o *Nueva Sociedad*. Estudió Periodismo en la Universidad Complutense de Madrid, y antes de *Letras Libres* trabajó en *El Mundo* y la Fundación Civio.

Banderas de nuestros padres

Nuria González Campañá

“*Durante días sentí angustia. ¿Y si a alguien se le va la cabeza? Qué frágil parecía entonces nuestra convivencia. Pensaba en la ruptura de mi país y la sensación era de asfixia. España. ¿Por qué me importaba tanto?*”

En septiembre de 2017 me propusieron formar parte de este proyecto: «¿Te animarías a escribir un breve texto hablando de España?». Yo estaba en un seminario en Italia. Intentaba concentrarme, pero no podía dejar de pensar en lo que ocurría en mi ciudad, en Barcelona, pendiente de las noticias y los mensajes que asaltaban el teléfono móvil. Septiembre había empezado mal. Nuestra democracia liberal, compleja e imperfecta, se había tambaleado los días 6 y 7 en el Parlament de Catalunya. El 1 de octubre se precipitó todo y terminamos el mes con una declaración unilateral de independencia. Esa misma tarde salí de casa para, por primera vez, comprar una bandera de España.

¿Que había sucedido? ¿Por qué me afectaba tanto? Era una mezcla de tristeza y de indignación, pero, sobre todo, era un desgarro sentimental.

No vengo de una familia politizada. Mi abuelo materno, catalán y republicano, recordaba a su padre llorar por la muerte de Macià. Con una posguerra penosa, como la de tantos, que incluía su huida a Francia y la memoria del campo de concentración, siempre dijo que con un tonto en la familia era suficiente. Así que la política, cuanto más lejos, mejor. Mi madre, catalana, estudió filología clásica en la Universidad de Barcelona, pero cursó el tercer año en Salamanca. Allí conoció a mi padre, un gallego que hacía Filosofía en la Pontificia. A mi madre le llamó la atención que aquel chico fuera seguidor del Barça. Mi hermano y yo nacimos en Barcelona, porque mi madre no se imaginaba otro sitio en el que vivir. Adoraba su ciudad. Crecimos en una familia bilingüe. En mi casa no recuerdo haber visto banderas (quizá, en alguna ocasión, una *senyera*, sobre todo en casa de mis abuelos, pero de eso hace ya muchos años).

Como tantos de mi generación, de manera inconsciente crecí asociando el nacionalismo español con la dictadura. Sin embargo, aunque la bandera española la sintiera extraña, lo español no me era ajeno. Mi madre explicaba que, embarazadísima de mi hermano, acudió a la mítica manifestación del 11 de septiembre de 1977. Y también nos explicó cómo lloró emocionada al escuchar al rey Juan Carlos hablar por primera vez en catalán. Recuerdo el primer curso de Derecho en la Universidad de Barcelona. El profesor de Derecho Constitucional nos hizo ver fragmentos de los vídeos que preparó Victoria Prego sobre la transición: la legalización del Partido Comunista, los debates sobre la Ley para la Reforma Política, los sobresaltos, los esfuerzos, los inverosímiles acuerdos logrados. Aquel esfuerzo de reconciliación me impresionó. Y fue un esfuerzo compartido, un logro español, el delta histórico del que habla Valentí Puig. Las lecturas posteriores le han dado contenido y muchos matices, pero el afecto por ese pasado tejido en común ya estaba instalado en la memoria. Cataluña y lo catalán, por cierto, concitaban muchas simpatías en ese momento. Lo explica Muñoz Molina: «En la cultura española del antifranquismo, el brillo de Cataluña y de Barcelona lo permeaba todo. Escuchábamos los discos y asistíamos en masa a los recitales de canción en catalán, igual que a las actuaciones de las compañías de teatro catalanas. Recuerdo la primera vez que escuché *Al vent* tan claramente como la que escuché *Blowin' in the Wind*, con un estremecimiento parecido de rebeldía y clandestinidad».

Últimamente me he preguntado por la tristeza que me invadió durante lo más agudo de la crisis política en Cataluña. Algunos días sentí verdadera angustia. ¿Y si a alguien se le va la cabeza? Qué frágil parecía entonces la convivencia. Pensaba en la ruptura de mi país y la sensación era de asfixia. Diría Cernuda: «Densa como una lágrima cayendo, brotó de pronto una palabra: España». ¿Por qué me importaba tanto?

A finales de octubre celebrábamos el cumpleaños de una de mis mejores amigas y conversábamos en una terraza de Barcelona. Un amigo suyo de Madrid, indignado con mi preocupación, me preguntaba: «Pero ¿qué te da a ti España?».

No supe contestar. Creo que me hubiera tirado la cerveza a la cara si le llego a confesar que me conmueven las evocaciones de sir John Elliott de la España de los años cincuenta («la dignidad de un pueblo orgulloso que atravesaba tiempos difíciles, pero que conocía su propia valía»). Pienso en la familia o los amigos de otras partes de España. Pienso también en los amigos españoles que hice mientras estudiaba en el extranjero, amistades que, salvo alguna excepción, brotaban con más intensidad con españoles que con personas de otros países.

Y pienso, mucho, en toda la literatura española que leí de joven. Con quince o dieciséis años estaba entusiasmada con la generación del 98, del 14 y del 27. Leía incluso hasta las exégesis de Trapiello. Devoré las obras de Lorca y la biografía que le escribió Gibson me mantuvo en vilo varios días. Quizá convenga aclarar que estudié en el Colegio Alemán de Barcelona. Difícilmente hubiera tenido tantas horas de literatura española y de historia de España en un colegio público catalán. Ah, y teatro clásico español como actividad extraescolar. Definitivamente, España no me era ajena, lo español formaba parte de mi intimidad. Y sin embargo, he necesitado el aldabonazo del *procés* independentista para darme cuenta de lo que estábamos a punto de romper, de todo lo que íbamos a perder.

Ahora es tiempo de aceptar que no todo es posible, que no basta con desearlo, que hay realidades sin vuelta de hoja. Podemos mejorarlas, pero necesitamos también humildad para admitir que lo que hay merece mucho la pena. Hay que olvidar las frivolidades y dejar de pervertir el lenguaje con comparaciones ridículas, hirientes y vergonzantes. Por suerte, Cataluña no necesita un Mandela, un Gandhi o un Martin Luther King. Pero sí necesitamos generosidad para pasar página y dejar de hacernos daño. Huir de las acciones inútiles y gratuitas y evitar las declaraciones románticas y efectistas, como nos recordaba el *president* Tarradellas. Pensar en restablecer puentes desde posiciones limitadas, pero inquebrantables. Ésta será de nuevo la tarea de nuestra generación: reconciliación y concordia. Éste será el logro que, ahora nosotros, debemos a nuestros hijos: volver a reconstruir un país normal y al mismo tiempo extraordinario.

Núria González Campañá (Barcelona, 1982) está terminando su tesis doctoral sobre Derecho de la Unión Europea en la Universidad de Oxford (becas de la Fundación Rafael del Pino y de la British Spanish Society). Tiene un máster en Relaciones Internacionales por la Fletcher School of Law and Diplomacy, Tufts University (beca de la Fundación la Caixa), y es licenciada en Derecho por la Universidad de Barcelona. Desde 2011 a 2014 trabajó como abogada en el Departamento de Derecho Público de Garrigues, Barcelona. Y desde enero de 2011 da clases de Derecho de la UE y Relaciones Internacionales en ESADE Law School. Además, es miembro de la Junta del Club Tocqueville en Barcelona.

El país de mis hijos

Daniel Gascón

“Me produce cierta impaciencia la costumbre de pensar que lo español es por definición un poco peor, que hay un atraso con respecto a otros lugares: nuestros periódicos serían peores, nuestras ciudades más violentas o sucias, nuestra sociedad más machista y nuestros cineastas sólo harían películas sobre la guerra civil.”

Durante mucho tiempo, los españoles pensamos que no vivíamos en un país normal. Nos habíamos quedado fuera de la modernidad. La Contrarreforma había cortado un movimiento de exploración filosófico y había dificultado el desarrollo de la ciencia. La novela moderna había nacido en España con el *Quijote*, pero había tenido que exiliarse durante un par de siglos: Inglaterra, sobre todo, desarrollaría esa tradición de ambigüedad y experimento moral. Curiosamente, algo parecido habría ocurrido con el liberalismo: tras darle un sentido político a la palabra (en Cervantes, por ejemplo, *liberal* significa «generoso»), los liberales se habían tenido que marchar, traicionados por un rey absolutista. La Ilustración había sido incompleta; el XIX, frustrante, con un proyecto nacional frágil e inconcluso, guerras civiles y retrocesos; habían permanecido formas anticuadas e injustas de reparto de la propiedad; la pérdida de las colonias había provocado una angustia metafísica en la que los intelectuales españoles recaían como en un mal hábito; y casi la mitad del siglo XX estaba ocupada por una guerra civil y una dictadura brutal, oscurantista y deprimente. Su nacionalismo y su apropiación de todo lo español, además, habrían servido para que muchos símbolos y hechos históricos quedaran bajo sospecha.

Había algo de verdad en ese relato, y también algo de simplificación y distorsión. Tendíamos a compararnos con los países más avanzados, y a menudo a olvidar las contradicciones y los defectos más graves de esos países. Todos los países creen que son excepcionales, y quizá ni siquiera la melancolía española era tan especial. Pero España consiguió tras la muerte de Franco convertirse en una democracia moderna, en un Estado de derecho que se reconocía además como un país diverso. Los pactos, imperfectos e insatisfactorios para todos, mostraron que el cainismo no era un destino inevitable. La entrada en Europa fue, en cierto modo, el fin de esa anomalía: estábamos donde teníamos que estar. La democracia española derrotó al terrorismo de ETA, que mató a casi mil personas. Los problemas que tenemos son los de una democracia moderna, y son comparables a los de los países de nuestro entorno.

Para mí, esa condición democrática es más importante que cualquier otra cosa. Está estrechamente vinculada a la Unión Europea y, como ella, nace de la experiencia terrible del nacionalismo y el extremismo.

Sabemos que España es un país moderno y abierto, que en muy poco tiempo ha pasado del nacionalcatolicismo a ser uno de los lugares más tolerantes con la diversidad sexual. Aunque quede mucho por hacer, las opiniones sobre cuestiones relacionadas con la igualdad de género colocan a España entre los países más avanzados del mundo. Las razones son complejas, pero sabemos también que nuestro país ha recibido una gran cantidad de inmigración: el país se ha vuelto más plural (aunque no en cuestiones de poder todavía) y esa transformación no ha ido acompañada de un discurso xenófobo, ni en partidos nuevos ni en partidos establecidos que intentaran beneficiarse de él. Sabemos que, si hay muchos aspectos en los que lo hacemos mal, hay cosas que hacemos bien, como la cobertura sanitaria pública. Ha habido también momentos difíciles en los que la ciudadanía española ha mostrado una capacidad admirable de resistencia y solidaridad.

Me produce cierta impaciencia la costumbre de pensar que lo español es por definición un poco peor, que hay un atraso con respecto a otros lugares: nuestros periódicos serían peores, nuestras ciudades más violentas o sucias, nuestra sociedad más machista y nuestros cineastas sólo harían películas sobre la guerra civil. Son afirmaciones que suelen reflejar más ignorancia que otra cosa; también tienen algo de herencia del franquismo.

Casi todos los países creen que la envidia es su pecado nacional; también los españoles. Fernando Fernán Gómez decía que no: pensaba que el pecado nacional era el desprecio, la alegría con que se desdeñaban los logros de los demás. Es una pena que tengamos tanta facilidad para menospreciar elementos valiosos de nuestro presente y de nuestro pasado, o tradiciones de libertad o de pensamiento; es una pena que interpretemos la realidad con un ramillete de tópicos de tercera mano. Por otra parte, si logramos que no sea paralizante, y que genere iniciativas para mejorar, la prevención ante el chovinismo es saludable.

Por una especie de complejo, hemos visto cómo en las últimas décadas se fomentaban las identidades regionales, mientras que la española daba un poco de reparo, al menos entre algunos sectores. La razón por la que una identidad era paleta, objeto de mofa o desprecio, y otras *cool* y sagrada pertenecía al ámbito de lo esotérico.

No siento otro patriotismo que el constitucional. Va acompañado de muchas lealtades sentimentales y culturales: de los guiones de Rafael Azcona, de las novelas de Ignacio Martínez de Pisón o Chaves Nogales, de una conversación pública vibrante y a veces frustrante, de canciones y de gente que quiero y de los lugares donde vienen. Va acompañado también de una idea de unidad y diversidad: España es muchas cosas, pero para mí también es que un gallego se fuera a Zaragoza como objetor de conciencia, conociera a una aragonesa, y a su segunda hija le pusieran un nombre que homenajeaba a una escritora catalana: es la historia de mi familia. Y es también uno de los dos países de mis hijos, y el país en el que me gusta que crezcan. Una de mis tradiciones españolas preferidas es la de los afrancesados, que incluye a Luis Buñuel y a Fernando Trueba. También formarían parte de esos afectos las novelas de Baroja, las canciones de Radio Futura y Christina Rosenvinge y Rafael Berrio, las columnas de Julio Camba y Mariano Gistaín y los ensayos de Manuel Arias Maldonado y José-Carlos Mainer, los cuentos de Cristina Grande y los artículos de Fernando Savater, las greguerías de Gómez de la Serna y los epigramas de Marcial, los diarios de Carmen Martín Gaite y Andrés Trapiello y los monstruos de Javier Tomeo, el vino de un montón de comunidades autónomas, los relatos de Quim Monzó, los poemas de Góngora y de Ángel Guinda y de Miriam Reyes, José Antonio Labordeta recorriendo el país a pie y los protagonistas de *Vivir es fácil con los ojos cerrados* recorriendo el país en coche, Miguel Servet diciendo que nadie puede mandar sobre lo que pasa en su cabeza e Ismael Grasa gritando «Viva Giordano Bruno», la novela perdida de caballerías que escribió Santa Teresa y Ray Loriga diciendo que Santa Teresa es igual que Rocky, seis o siete editoriales con sus autores y sus traductores, el paisaje de algunos periódicos, la carretera de Ejulve a Cantavieja, Félix Romeo saliendo de la cárcel de Torrero o diciendo que la torre de la iglesia de Garrapinillos era una torre francesa, la playa de Barrañán y el cine de verano en Orihuela, el futbolín de un bar en un pueblo de León, algunas calles de Zaragoza y de Madrid, el camino junto a una rambla en un pueblo de Castellón donde me llevaba mi primera novia en un Renault 9, mi hermana, mi tío y yo colándonos en una casa para ver ganar a Fermín Cacho en la final de 1.500 en los Juegos Olímpicos de Barcelona, las piscinas donde mis hermanos aprendieron a nadar, La Buena Vida y la Central y Couceiro y Antígona y Los Portadores de Sueños y la Anónima, el Giardinetto y Casa Emilio y el Vicente y el Pandora y el Zeta, la fachada de la casa de Félix Romeo en Conde Aranda y el Moncayo, donde Julio Alejandro de Castro decía que olió por primera vez el mar...

Muchas de las emociones nacionales me producen indiferencia en el mejor de los casos. No es algo de lo que presuma: sé que son beneficiosas para la cohesión, que mi condición es minoritaria y probablemente un defecto. O puedo equivocarme: uno tiende a asumir como natural su forma de ver el mundo, así que una parte de nacionalismo puede ser difícil de detectar en uno mismo. Y, por supuesto, cuando avanza la vida tiendes a ser menos frívolo con los sentimientos de los otros. A veces, también, el afecto que sientes hacia alguien hace que te acerques a sus emociones. También es evidente que esa visión poco apasionada de la idea nacional es compatible con otras formas de entender la pertenencia, así como el deseo y el esfuerzo por mejorar las cosas para que el país en el que uno vive se parezca cada vez más al lugar en el que le gustaría vivir.

Daniel Gascón (Zaragoza, 1981) estudió Filología Inglesa y Filología Hispánica en la Universidad de Zaragoza. En 2018, publicó el ensayo *El golpe posmoderno. 15 lecciones para el futuro de la democracia* (Debate). Es autor de los libros de relatos *La edad del pavo* (Xordica, 2001), *El fumador pasivo* (Xordica, 2005) y *La vida cotidiana* (Alfabia, 2011) y de la memoria familiar *Entresuelo* (Literatura Random House, 2013). Ha colaborado en medios como *El Mundo*, *El País* y *Revista de Libros*. Y actualmente es el responsable de la edición española de *Letras Libres*.

El abrazo

Verónica Puertollano

> “*Existe otro cuadro, menos conocido, cuya incorporación al imaginario elemental contribuiría a superar, de una vez por todas, esta soporífera tendencia y apelar en su lugar a otro espíritu que también forma parte de nuestra historia; un cuadro que es en sí mismo una superación del famoso duelo a garrotazos.*”

En el barrio de Salamanca de Madrid se encuentra una atracción histórica sobrecogedora: el siglo XX corto español comprendido entre dos manzanas de la calle Maldonado, desde la esquina del número 89 de la calle Velázquez a la del número 104 de Claudio Coello. Doscientos treinta metros en línea recta sin cambiar de acera. En el número 89 de Velázquez vivía, en tiempos de la República, el líder monárquico José Calvo Sotelo. De allí se lo llevó la madrugada del 13 de julio de 1936 un grupo de guardias de asalto para matarlo por la espalda en el interior de un coche. En el número 104 de Claudio Coello fue asesinado el almirante Carrero Blanco, presidente del Gobierno del régimen franquista. Lo mató ETA la mañana del 20 de diciembre de 1973 haciendo volar su coche por los aires. Ni el primer crimen trajo la guerra civil, ni el segundo la democracia. Pero cada uno es una marca sangrienta —indeleble en el caso de la grieta en la calzada de Claudio Coello, que sigue resistiéndose a cada nuevo asfaltado— entre las cuales hubo un duelo a garrotazos y una dictadura. Y después, un abrazo. El abrazo.

Sin embargo, la metáfora proforma para despachar hoy cualquier crisis de la democracia española sigue siendo el *Duelo a garrotazos* de Goya. Así, el director del Museo del Prado, Miguel Falomir, en una entrevista del diario *ABC*, dijo: «El cuadro que *hoy* retrata a España es el *Duelo a garrotazos* de Goya» (octubre de 2017). Fernando Trueba, Isabel Coixet, Alfredo Pastor, Juan Pedro Quiñonero o Manuel Vicent también han aludido al cuadro en el mismo contexto: el del proceso secesionista en Cataluña. Era la imagen de cabecera de un antiguo blog de referencia para los disidentes antinacionalistas, *Bye bye Spain*. Pero creo que es una imagen inapropiada para la España de hoy, no sólo porque no hay dos bandos matándose a palos; sólo una parte que intenta imponerse a la mayoría —y a la realidad— mediante trampas, no siempre exentas de violencia, mientras que del otro lado está el Estado de derecho o, en el peor de los casos, su incomparecencia. Es igualmente inapropiada para referirse a las amenazas que la democracia ha sufrido en sus cuatro décadas de vida.

Existe otro cuadro, menos conocido, cuya incorporación al imaginario elemental contribuiría a superar, de una vez por todas, esta soporífera tendencia y apelar en su lugar a otro espíritu que también forma parte de nuestra historia; un cuadro que es en sí mismo una superación del famoso duelo a garrotazos.

El abrazo (acrílico sobre lienzo, 151 × 201 cm), pintado por el valenciano Juan Genovés en 1976 y adquirido por el Estado, se expone ahora en el Congreso de los Diputados por iniciativa de Izquierda Unida, tras haber permanecido durante treinta años en los almacenes del Museo Reina Sofía. Es un sobrio pero vibrante retrato de la gran reconciliación española. En él, un grupo de ciudadanos, vestidos de calle y recortados sobre un fondo marfil, se funden en abrazos que inspiran una antigua añoranza, o que simplemente extienden los brazos, como la mujer de la derecha, para recibir a quien quiera unirse al reencuentro. Genovés también realizó una versión escultórica del cuadro, instalada en 2003 en la plaza madrileña de Antón Martín, para conmemorar a los abogados laboralistas asesinados el 24 de enero de 1977 por miembros de la extrema derecha a pocos metros de allí, en el número 55 de la calle Atocha. Merece la pena recordar que la única respuesta del PCE a la matanza de sus cinco camaradas fue desfilar de luto por las calles de la capital, en silencio, sin exigencias de venganza, sin garrotes.

Creo que el Estado se haría un gran favor a sí mismo si apartara los dos cuadros, *El duelo* y *El abrazo*, y los exhibiera, aunque fuese temporalmente, el uno junto al otro en el Museo del Prado —o en el Palacio de Gaviria, si es necesario.

Porque es urgente que las verdades positivas de nuestra historia también tengan su lugar en la lírica dominante. El escritor John Carlin sostenía en un artículo en el diario *El País* que la palabra anglosajona *compromise* no cuenta con una equivalencia suficientemente precisa en español, ya que la palabra «pacto» —decía— no basta para expresar la carga asertiva del concepto. Y explicaba así la presunta asimetría: esto se debería a que «es un concepto ajeno a la cultura hispana o al menos no ha llegado a calar en ella». Pues bien: el concepto no sólo es justamente traducible (hacer o pactar concesiones; asumir compromisos):* también es nada menos que la base de la democracia española. Quizá Carlin considere que el harakiri de las Cortes franquistas, la aceptación de la monarquía por parte del PCE en la Transición, la amnistía de 1977 o, más recientemente, la descentralización de las competencias del Estado, las infinitas concesiones hechas a los nacionalismos, o los votos regalados por Antonio Basagoiti a Patxi López en 2009 (convirtiéndolo en el primer lehendakari no nacionalista de la historia), no son dignos de calificarse como *compromise*. Pero lo cierto es que la transición *pacífica* a la democracia y la modernidad fue en buena medida posible gracias a una infinidad de concesiones oficiales y privadas y a una voluntad de reconocimiento del otro.**

Además de la pereza y la inercia, hay otro factor que seguramente ayude a reforzar la obsoleta metáfora del duelo a garrotazos. Se trata de la inquietante confusión entre la aplicación de

* Ignacio Fernández Bargues me recuerda en un correo que, durante la Transición, políticos y periodistas emplearon hasta la saciedad la palabra «consenso». En aquella coyuntura, es indudable que todos se estaban refiriendo al concepto de «compromise» que, según Carlin, no tiene arraigo en España.

** La Transición es un ejemplo definitivo, pero no único, en la historia de España: véanse el precisamente llamado «Compromiso de Caspe» (1412), el Abrazo de Vergara (1839) o el Pacto del Pardo (1885).

la ley y el uso legítimo de la violencia por parte del Estado para hacer frente a una agresión, y esa misma agresión. Cuando ponemos en pie de igualdad la agresión y la defensa —insisto, legítima y democrática—, cometemos la aberración de colocar un garrote en las manos de, por ejemplo, Pilar Elías, viuda de Ramón Baglietto —asesinado por un etarra al que Baglietto había salvado de ser atropellado cuando aquél era un bebé—, que tuvo que soportar que el verdugo de su marido regentase una cristalería debajo de su propia casa. El *compromiso* de las víctimas del terrorismo nacionalista con el Estado de derecho merece, por lo menos, una revisión de nuestro repertorio de metáforas. La inteligencia también sufre con la comparación. Desde *Ubú president* y *Contra Catalunya* al balcón de Balmes y su civilizatoria «*Contrarevolució dels somriures*», hoy en territorio de Tabarnia.

Tenemos razones para estar orgullosos, no de lo que somos —como predica el nacionalismo—, sino de lo que hacemos, de algunas cosas que hemos hecho. Del abrazo de los hijos y la convivencia de los nietos. Como suele decir la historiadora y periodista Cayetana Álvarez de Toledo, que eligió nacionalizarse española pudiendo ser otra cosa: «España es una empecinada voluntad de convivencia, de vivir juntos los distintos».

Hace mucho tiempo que España dejó atrás la sala de las pinturas negras del Prado, y convendría dejar de ensalzar como un Goya el penoso espectáculo de títeres de cachiporra que nos ofrece a diario el secesionismo catalán. Es cierto que *El abrazo* tampoco es el retrato más apropiado para la España de hoy, cuyos problemas y desafíos son esencialmente los mismos que en otros países occidentales. Y puede también que sea en realidad una «obra de parte», como escribió Jorge Bustos en *El Mundo*, que considera que Genovés retrató un abrazo entre afines y que tal vez una mayor disparidad cromática y figurativa habría «encarecido el valor del abrazo». Yo no creo que esa homogeneidad formal sea un demérito moral del cuadro, pero discrepancias subjetivas aparte, opino que, en este objeto patrimonial, la intención del pintor es especialmente irrelevante, por no hablar de sus deseos (donarlo a Amnistía Internacional). Puede que el próximo retrato de España sea europeo. Pero mientras, puestos a elegir *selfie*, ¿por qué no uno mucho más reciente y favorecedor?

Verónica Puertollano (Madrid, 1978) es traductora.

Ciudadano y heredero

Juan Claudio de Ramón

> *"Ser español es un dato irrevocable de mi biografía, un dato que he decidido no ignorar. Y vedada la frívola tentación de sentirme orgulloso de ser español, ningún motivo hay, hechas las oportunas averiguaciones, para no sentirme afortunado de serlo."*

Cuesta un poco entender que no hay razón alguna para *sentirse* español, y menos aún para que uno *se sienta orgulloso* de serlo. Ni España es un sentimiento ni el azar que nos apareja a una nacionalidad es motivo de orgullo. Aunque lo fuera, el orgullo inducido por los pasajes brillantes de nuestra historia quedará compensado por la vergüenza provocada por el recuerdo de los capítulos tenebrosos. En cualquier país viejo, como el nuestro, hay suficiente de lo uno y de lo otro, y lo más probable es que el saldo termine siendo incierto. Así que no, no me siento español. Es algo más sencillo: yo me sé español. Es un dato irrevocable de mi biografía que, aunque podría, he decidido no ignorar. Y vedada la frívola tentación de sentirme orgulloso de ser español, ningún motivo hay, hechas las oportunas averiguaciones, para no sentirme afortunado de serlo.

Naturalmente, la condición de español no es un atributo platónico, perdido por las nubes, un formalismo sobre el cual no merezca la pena reflexionar. Tiene un contenido terrestre, histórico, no esencial, mudable pero concreto. Y tras haberlo pensado, movido también por las interminables discusiones identitarias en mi país, he llegado a la conclusión de que ser español consiste básicamente en ser dos cosas: ciudadano y heredero.

No siempre supuso ser español ser ciudadano. Es algo reciente, de hecho. Durante vastos trechos de una historia a la cual no sería fácil ni pacífico poner inicio, ser español fue más bien ser súbdito, vasallo o siervo de alguien. A los revolucionarios de Cádiz debemos la primera formulación de la ciudadanía española, y uno de los ejemplos más tempranos de la historia europea. Esta frase, que es un relámpago: «La Nación española es libre e independiente, y no es ni puede ser patrimonio de ninguna familia ni persona». A partir de entonces se labra la historia, llena de retrocesos y amargas derrotas parciales, de una comunidad de ciudadanos libres e iguales.

Una historia que yo tuve muy presente en casa. Allí, en el comedor familiar, colgaba el cuadro que sirvió de boceto para ganar el concurso convocado en 1912 para conmemorar el primer centenario de las Cortes de Cádiz. (El cuadro definitivo se exhibe hoy en el Senado; el boceto lo adquirió mi abuelo en el Rastro madrileño.) Para quien no conozca el lienzo, lo que se representa es el momento mismo de la promulgación de la Carta Magna, a la salida del oratorio de San Felipe Neri. Ante una multitud de majos, militares y diputados, un provecto caballero vestido con una casulla bordada con los blasones del reino lee los artículos que arrojan al Antiguo Régimen al cesto de desperdicios y ponen a España a la cabeza del mundo liberal. En mi imaginación, ese orador es Agustín Argüelles, lanzando a cada esquina de la piel de toro su famosa arenga: «¡Españoles, ya tenéis patria!».

Los españoles ya tenían patria, porque ya eran soberanos de sí mismos, sin depender de ninguna familia o persona, y en eso consistía en aquellos liberales, que seguían la tradición republicana, tener una patria. Soberanía codificada en una Constitución, tan democrática como la época lo permitía, y que inauguró una lenta y difícil revolución liberal que, en puridad, sólo puede darse por concluida más de un siglo y medio después, con la Constitución española de 1978. Sólo entonces los españoles fuimos plenamente ciudadanos.

Como ideal, la ciudadanía democrática es exigente. Nos pide contribuir con parte de nuestra riqueza a las cargas del Estado y nos pide también mostrar lealtad a personas que no conocemos, muchas de las cuales están fuera de lo que consideraríamos nuestro ámbito natural social o ideológico o étnico o cultural o lingüístico. La ciudadanía obliga al noble a mezclarse con el plebeyo, al rico con el pobre, y, en España, al que habla una lengua con el que habla otra. Ninguno sale indemne de ese encuentro. La común ciudadanía nos protege al precio de despojarnos del seguro confort tribal y volvernos, en ese trance, vulnerables e inseguros.

Ser español es ser ciudadano, por tanto. Y hasta hace poco pensaba que la ley democrática que esa ciudadanía se había dado en 1978 debía bastar como argamasa de la comunidad y también como mecanismo defensivo ante el infractor que la violara. La deriva política de mi país, y una reflexión más pausada de las cosas políticas, me han hecho entender, sin embargo, que es iluso pensar que el mero compromiso con la ley (que, por ser difícil, es tenue e inestable) basta para mantener unida la comunidad política (y cómo mantener unida la ciudad, ya decía Aristóteles, es la pregunta clave de toda filosofía política).

Se me hizo necesario redescubrir un segundo filón de pertenencia, que complementara la brillante pero frágil veta de la ciudadanía. Lo hallé en la tradición. Sé que no es un concepto de fácil venta. La palabra «tradición» se asocia a lo que es viejo y caduco. Pero yo la quiero tomar en su sentido más literal, y que se conserva en lenguaje jurídico: la voz que deriva del *tradere* latino, esto es: «el acto por el que se hace entrega de una cosa». La tradición española es, entonces, lo que nos damos de generación en generación, porque lo consideramos valioso y digno de preservación: las cantigas de amor de Alfonso X El Sabio y las canciones de Mecano, los versos de Santa Teresa y los romances de Lorca, los breviarios de Saavedra Fajardo, y las páginas de María Zambrano, la insubordinada imaginación de Dalí y la luz de una escultura de Chillida. También lo banal, lo lúdico, lo festivo: el rasgueo de una guitarra, el mus, el jamón curado de la dehesa, el pulpo a *feira* y las gambas de Palamós. Eso es España: mi tradición. Todo lo que no tuve que ir a buscar, porque el azar de nacer español me lo puso cerca y a la vista. Ciertamente, España no es mi única tradición, pero sí su río caudal, con poderosos afluentes americanos y europeos. La idea de tradición tiene, además, una considerable ventaja lógica frente a la más extendida noción de identidad. Porque, por mucho que queramos hacer componendas con las palabras, la identidad se cierra siempre sobre sí, no tolera las fisuras (identidad abierta es un oxímoron) mientras que la tradición está siempre abierta, siempre dispuesta a recibir nuevos dones o a redescubrir parcelas que estaban en penumbra y que una mirada más inclusiva sabe detectar (si uno ya es feliz de poder leer a Garcilaso de la Vega, el corazón se esponja de saber que su tradición española le trae también el regalo de los versos de Ausiàs March).

He entendido, en fin, que el ideal abstracto y universal de la ciudadanía nos viene dado siempre —al menos hasta al advenimiento de la *cosmopolis* soñada por los ilustrados— en una sustancia histórica concreta. Es una categoría con su accidente, y reivindicar sólo uno de los miembros del binomio conduce a situaciones igualmente indeseables. En nuestro caso, creo, como decía al principio, que los españoles nacidos tras 1978 debemos apreciar la suerte que hemos tenido. Por un lado, disfrutamos de una ciudadanía democrática, que puntúa alto en todas las clasificaciones que miden la calidad democrática de los países. Por el otro, el hecho de ser españoles ha puesto a nuestra disposición una de las más anchas tradiciones culturales de todo Occidente. Es inútil molestarse en saber si hubiera sido preferible ser depositario de la tradición francesa o la británica. En nuestra vida sabremos acercarnos a ellas e incorporarlas como nuevas hebras de un tejido que siempre será un retazo porque nunca estará concluido. Pero el trozo de tela que nos fue dado para empezar no está nada mal: por el azar del tiempo y la geografía tenemos un acceso privilegiado a las novelas de Cervantes y los sonetos de Quevedo, a la pupila genial de Velázquez y Goya, a las tierras de Castilla, las vegas del Andalucía y las calas del Mediterráneo. Las lenguas, los acentos; el regadío, el secano; las altas cumbres y las anchas playas; las islas, las mesetas, los españoles de izquierdas y los españoles de derechas (pues ambas escuelas han dado muestras brillantes de altura europea). Ser español es ser ciudadano y es también heredero de todo esto, estar dispuesto a ser su custodio, y a transferirlo como se transfiere una herencia querida, no despedazada y sucia, sino limpia y mejorada, para disfrute de los que vengan.

Juan Claudio de Ramón Jacob (Madrid, 1982) es un diplomático y articulista español nacido en Madrid en 1982. Actualmente vive en Roma, donde es secretario de la Embajada de España ante Italia. Desde 2011 hasta 2015 fue consejero en la Embajada de España en Ottawa. Fruto de su estancia en Canadá es el libro *Canadiana: Viaje al país de las segundas oportunidades*, de próxima aparición en editorial Debate. Esforzado diletante, publica de manera regular comentarios políticos en *El País* y aborda cuestiones culturales en otras revistas como *The Objective*, *Jot Down*, *Letras Libres*, *Claves de Razón Práctica* o *El Ciervo*. Se licenció en Derecho y Relaciones Internacionales en ICADE y en Filosofía por la UNED. Le interesan la historia de las ideas políticas, el federalismo, el nacionalismo y el futuro de España y de Europa. Es moderadamente huraño, razonablemente sentimental, le gustan las conversaciones con final abierto, el cine clásico y el chocolate negro. Casado y padre de dos hijos.

Nada permanece si no se renueva

Andrea Levy

> “*Es sorprendente esta naturaleza que tenemos los españoles por minusvalorar nuestra capacidad, talento y logros conseguidos. Apenas sabríamos decir en aquellas cosas que destacamos y que configuran la imagen exterior de nuestro país.*”

La visión reconfortante del paisaje conocido a través de la ventanilla del avión que se acerca de regreso a casa. Yo creo en esto. En esa patria hecha sobre los recuerdos de nuestra infancia. Una manera de entender el ser español a base de un imaginario compartido que permite, en la generosidad integradora de toda sociedad abierta, tantas maneras de sentirse español como españoles hay. Quizá esa capacidad de conciliar identidades etéreas sobre el sentimiento español haya descosido los intentos de vertebrar una identidad nacional. En el imaginario común no se ha consolidado un relato emocional ni se ha anclado una simbología colectiva con vocación de sobrevivir entre generaciones. Nos pesan demasiado los complejos desde la depresión del 98, los conflictos sempiternos de esas dos Españas ahora igual diecisiete, el pasado grisáceo o, sobre todo, nos atrapa siempre la desazón de nuestra falta de autoestima. La derrota provoca conmoción y en España, cuya flaqueza es la desunión, el progreso se mostrará siempre como rivalidad. Tampoco creo que, en los últimos tiempos, se hayan hecho esfuerzos desde el discurso político para concienciar de un patriotismo español capaz de desprenderse de los vetustos elementos nacionalistas, de configuración uniformadora y centralista, y que logre cohesionar sobre nuestras potencialidades y éxitos. Porque haberlos los hay. Y no me refiero (sólo) a los deportivos.

Es sorprendente esta naturaleza que tenemos los españoles por minusvalorar nuestra capacidad, talento y logros conseguidos. Apenas sabríamos decir en aquellas cosas que destacamos y que configuran la imagen exterior de nuestro país. Solemos recrearnos en una percepción generalizada de que nuestra economía se reduce a sol, paella y sangría. Una forma de decir que España vive sólo a costa de su propia anatomía y que avanza como lo hace la rutina: con mecánica monotonía, por inercia, pero sin impulso. Es cierto que el sector turístico influye enormemente en nuestra actividad económica y en el empleo, además de ejercer un efecto de arrastre en otros sectores. Y ¿qué hay de malo en aprovechar nuestras ventajas (clima, litoral de playa, cultura, gastronomía...) y ser competitivos? En 2017, España consiguió situarse como la segunda potencia turística mundial, sólo superada ya por Francia. Si los turistas vienen a pasar aquí sus vacaciones, parece lógico que se desarrolle una oferta atractiva para destacar frente a otros destinos. ¿Acaso debemos menospreciarlo? Que nuestro país se beneficia del turismo es evidente: supone el 15,7 por ciento del PIB y un 15,8 por ciento del empleo.

Ahora bien, la realidad es que en la balanza de bienes y servicios, históricamente dominada por el turismo, va ganando peso la aportación de los ingresos por servicios a las empresas. Según datos del Ministerio de Economía, existen cuatro sectores de actividad principales: bienes de equipo, alimentación, productos químicos y automóvil. En los últimos años, aun a pesar de la crisis, las exportaciones no han dejado de aumentar, algo que sólo han sido capaces de conseguir el Reino Unido, Alemania ¡y los españoles! Nuestro país dispone de un amplio entramado de medianas empresas que han encontrado su nicho de mercado en el conglomerado industrial europeo ofreciendo servicios intermedios. Por ello, muchas multinacionales nos han incluido en su cadena de valor añadido. España dispone de un tejido productivo que ha salido adelante a pesar de la coyuntura económica y gracias a un alto grado de especialización de nuestras empresas, que las ha convertido en referentes en sus sectores de actividad.

Ahora, una vez superada la etapa más dura de la reciente crisis económica y social, España ya no se enfrenta a la incertidumbre, sino que aspira a conquistar sus propios retos nacionales. Los españoles deben sentirse partícipes de este nuevo camino que está por hacer. El esfuerzo nacional ha sido enorme: todos los españoles han hecho grandes sacrificios. En los peores momentos, la falta de horizontes vitales llevó a muchos a la desesperanza y a no creer en las propias capacidades de España. Pero hoy, entre todos, hemos demostrado que era posible. Es por esta ambición colectiva de superación por la que creo que España es un gran país. Por esta capacidad de saber sobreponerse que siempre consigue, entre gruñidos de malestar, insatisfacción permanente y sentimiento acomplejado. Todo español es acreedor del éxito de nuestra nación y tiene el derecho y el deber de formar parte de un proyecto ambicioso de futuro. Y ésta es la pregunta que debe plantearse: ¿qué futuro hemos imaginado para nosotros? ¿Para las próximas generaciones? ¿Para nuestro país? El futuro no es sólo retórica en política. Es la cita con el destino que tiene toda la nación consigo misma. No hay nada más soberbio que el futuro. Por ello, se hace necesario hablar de nuevos retos, de metas que estamos en condiciones de alcanzar, de proyectar un horizonte atractivo y de vanguardia para las próximas décadas. Ahora debemos convertir a la España que se ha superado a sí misma en un país de referencia y de oportunidades. Ésta es la conversación que los españoles debemos iniciar: formar parte valerosa del desarrollo que podemos alcanzar en las próximas décadas. Algo igual de estimulante que el proyecto de democratización y modernización institucional a la que llegó la generación de la Transición, de cuyo legado hoy disfrutamos de un Estado social y de derecho que supo hacer los deberes para lograr ser miembro sin retraso de la Unión Europea.

Toca entonces hacer en estos momentos un esperanzador esfuerzo. Un reto generacional, en su máxima pluralidad y extensión, en el que estamos en disposición de abordar un horizonte de trasformación para España. Porque nada permanece si no se renueva.

Entre estos, España puede ser, por su incontestable atractivo como país en su imagen exterior, el escenario perfecto para liderar la revolución tecnológica, como ya ha empezado a hacer China, que hace tiempo decidió dejar de ser la fábrica del mundo para convertirse en clúster de tecnología. Gran parte de los empleos de hoy en día no existían hace cincuenta años. España lidera el sector de los videojuegos y la animación 3D, por lo que debería potenciarse un modelo de Silicon Valley como referencia europea de campus tecnológico en robótica, industria 4.0 y posibilidad de creación de empleos cualificados basado en la economía digital. Para ello es imprescindible una actualización y refuerzo de nuestro sistema educativo en innovación y digitalización.

Otro de los objetivos debería ser potenciar a nuestro país como gran centro educativo a escala internacional. España es la puerta de Europa a Latinoamérica y viceversa, y tenemos la experiencia de las mejores escuelas de negocio. Además, somos el país más atractivo para los Erasmus, lo cual viene a demostrar el potencial de España para liderar una oferta de universidades y centros de formación única en el mundo. Es un mercado educativo con un potencial de más de quinientos millones de hispanohablantes.

Por último, en este breve esbozo, hay que destacar el liderazgo en materia de cambio climático, sin duda el gran desafío de nuestro tiempo, ya que tiene efectos sobre los derechos humanos y plantea problemas económicos y sociales. Es el tema más actual y creíble, y a través del cual introducir los demás en una secuencia lógica: las alteraciones de nuestra climatología están ya teniendo consecuencias apreciables con efectos en los modos de vida de la sociedad (por ejemplo, cambios en el modelo agrícola, contaminación urbana, sequías, desestacionalización del turismo, movilidad, costes energéticos para la industria). Además, España está a la cabeza de la innovación en energías alternativas, con una curva de aprendizaje ya asumida. Tenemos talento y la voluntad para convertir a nuestro país en un referente en la transición energética y la lucha contra el cambio climático.

Son sólo tres apuntes de futuro. Un futuro incontestable que está a las puertas llamándonos a ser protagonistas. Una historia que está por escribir y que requiere de toda nuestra ambición. No nos preguntemos lo que sentimos en el diván. Propongámonos lo que queremos ser, nuestros sueños e ilusiones. Ésta es la España que se alza en nuestra mirada.

Andrea Levy (Barcelona, 1984) es una abogada y política española. Es licenciada en Derecho por la Universidad de Barcelona. Actualmente, es vicesecretaria de Estudios y Programas del Partido Popular y diputada en el Parlament de Catalunya por el Partido Popular.

De plazas y urbanismo

Roger Senserrich

“Son cosas que parecen de sentido común, porque es algo que vemos en toda España, una y otra vez. Es también algo que fuera de España, en muchos lugares, no se hace en absoluto, lo que reduce la calidad de vida enormemente.”

Mis padres viven en uno de esos suburbios de Barcelona justo al lado del mar, en uno de los interminables barrios nacidos de la burbuja. Un sitio tranquilo y apacible, sin más, lejos de las vistas célebres y el trasiego de turistas. Estábamos de visita, en una de esas tardes de enero de anochecer rojizo y fresco mediterráneo. Cansados de aviones y viajes, habíamos medio vegetado casi todo el día, así que nos sentíamos obligados a salir a dar un paseo para estirar las piernas y despejarnos un poco.

Bajamos a dar una vuelta; mi mujer, mi hija de trece meses y yo. El mar, las luces de Barcelona en la lejanía encendiéndose poco a poco, la playa de mi infancia. Andamos un poco, hasta el final de la calle, a la pequeña plaza donde estaba el mercado municipal, un Mercadona, los bares y las cuatro tiendas del barrio. Entramos, compramos cuatro dulces, y nos sentamos en la terraza a hacer un café. Mi hija saludaba a la gente de la mesa vecina, señalaba entusiasmada cada vez que veía alguien paseando un perro, se reía cuando veía a los niños del barrio en los columpios. La gente salía y entraba del súper, saludaban al camarero, hablaba con la vecina mientras veían jugar a sus hijos.

Era, en otras palabras, una escena perfectamente habitual en cualquier lugar de España en una tarde cualquiera, una rutina mil veces vista. Es nuestra forma de vivir. Es también, a la vez, algo que no es sólo fruto de nuestras costumbres, sino el resultado de una tradición urbanística nunca lo suficiente respetada que está en el corazón de nuestra vida cívica y en cada esquina, en cada detalle.

La plaza de al lado de casa de mis padres no tiene nada de única o especial, pero es un espacio de gran calidad urbanística. Sus diseñadores, aprovechando el desnivel existente, escondieron todos los aparcamientos debajo del mercado, así que la zona peatonal no está infestada de automóviles. La entrada al centro comercial se encuentra al final de la plaza, pero razonablemente cerca de la calle; las terrazas están al lado, y los jardines y columpios en la zona más alejada de los coches. La fachada tiene tiendas con escaparates, no una pared sin ventanas. El suelo en casi toda la plaza es de tierra, no de cemento, con varios árboles que marcan la separación de usos. Todas las calles de alrededor tienen aceras amplias y bien iluminadas. La plaza está de camino entre la escuela municipal, un poco más arriba en la misma calle, y la mayoría de las viviendas. Tiene tráfico peatonal, porque es un sitio de paso. Es un lugar seguro, porque hay decenas de personas mirando en cualquier momento. Hay sitios de encuentro que favorecen interacciones. Es un lugar a la vez útil y agradable, que puede hacer felices a niños y adultos.

Son cosas que parecen de sentido común, porque es algo que vemos en toda España, una y otra vez. Es también algo que fuera de España, en muchos lugares, no se hace en absoluto, lo que reduce la calidad de vida enormemente.

Pongamos el suburbio donde vivo en Estados Unidos. Los comercios tienen siempre aparcamientos en superficie, rodeando la tienda. Los usos están segregados: el parque a un lado, el centro comercial en la otra punta, los bares y restaurantes en otra avenida, el colegio rodeado de viviendas, pero a la vez lejos de todo. Las aceras son limitadas, las calles demasiado anchas, todo con distancias siderales para caminar. No era de extrañar que mi hija estuviera tan entusiasmada y contenta viendo pasear perros, saludando a niños en el parque, dando vueltas andando torpemente por la plaza ante la atenta mirada de sus padres. Es algo que en casa no puede hacer nunca, simplemente porque no hay placitas como ésta en el barrio. Parece fácil, pero es increíblemente sencillo hacer mal urbanismo.

Paseando por el centro de Barcelona, es fácil olvidarse de la calidad, el mimo, el respeto por el espacio público que tiene la ciudad. El Eixample se pone tantas veces como ejemplo de urbanismo cuidado que casi cansa repetirlo, pero está justificado. La idea de hacer que las esquinas de cada manzana estén truncadas, lo que hace de cada cruce una pequeña plaza. Las aceras uniformemente anchas, casi siempre arboladas, con comercios a pie de calle. La deliberada restricción a ofrecer espacio para aparcar, dando protagonismo al peatón por defecto. Son todas decisiones deliberadas, que favorecen una vida urbana completamente distinta.

En Ciutat Vella, aun con la infestación de turistas, Barcelona tiene infinidad de espacios únicos donde esconderse y librarse del trasiego y el ruido. La Plaça del Pi, en el barrio Gótico, es una de esas plazas asimétricas con tiendas excéntricas, terrazas amplias y sombra agradecida que tanto abundan en España, y que tanto mejoran las ciudades donde vivimos. Está peatonalizada a conciencia, con árboles y un suelo a dos alturas. El paso de los años ha hecho que cada calle que lleva a la plaza te dé la sensación de que estás descubriendo un pequeño secreto. Es también uno de esos lugares donde puedes encontrar la mejor salida siguiendo tu olfato: la calle Petritxol, un pequeño callejón en una de las esquinas de la plaza, esconde mi chocolatería favorita de este mundo.

Es cierto que Barcelona es una ciudad que a veces vive excesivamente obsesionada con la estética, y con su propia belleza. Es cierto también que tanto en Barcelona como en el resto de España se han hecho un montón de pufos, tonterías urbanísticas y errores de bulto. Hay un número en absoluto trivial de políticos que parecen incapaces de entender qué es lo que hay que hacer para conseguir barrios agradables, ciudades acogedoras y espacios públicos que merezcan ese nombre.

En agregado, sin embargo, esto no sucede. Siempre se dice que la calidad de vida en España es muy alta. El urbanismo, el cómo configuramos nuestros pueblos y ciudades, tiene muchísimo que ver. En España favorecemos los barrios densos, detestamos las viviendas unifamiliares. Intentamos construir espacios mixtos, sin segregar usos. Escondemos, en la medida de lo posible, el automóvil en las zonas urbanas. Construimos calles, avenidas y plazas a escala del peatón. Diseñamos para que haya gente en la calle, no en el coche. Nuestros pueblos y ciudades, incluso en zonas rurales, empiezan y terminan de repente, pasando de campos a zona construida sin suburbios y casas desperdigadas de por medio. Vivimos concentrados porque nos gusta y es lo que hemos hecho siempre, pero también porque desde siempre nuestro urbanismo se ha encaminado a construir barrios y pueblos con ese aspecto.

Todas estas cosas están detrás de muchas de nuestras costumbres sociales, de la vida en la calle, de nuestra afición por socializar y de la proliferación de bares. También contribuyen enormemente al hecho de que España sea un país increíblemente seguro comparado con cualquiera de nuestros vecinos. También explican por qué, cuando nos vamos fuera, echemos tanto de menos nuestro viejo barrio y nuestro bar de la esquina.

En Estados Unidos tengo una casita con jardín y dos árboles enormes; un rincón tranquilo donde nadie me molesta. Precisamente porque nadie me puede molestar, sin embargo, esta casita, y el suburbio que la rodea, es un lugar sin alma alguna. España es un lugar estupendo, y a veces ni nos damos cuenta de ello.

Roger Senserrich (Maracay, Venezuela, 1979) es licenciado en Ciencias Políticas por la UPF (Barcelona) y máster en la UAM. Se mudó a New Haven, Connecticut, en 2004 para ir a trabajar unos meses en su tesis doctoral. Acabó conociendo a su mujer y quedándose a vivir en Nueva Inglaterra. Actualmente trabaja de director de comunicaciones en Connecticut Voices for Children, una ONG en New Haven dedicada a la lucha contra la pobreza

Dice don Isidro Bango Torviso

Silvia Castellanos

> “*El románico, el más humilde, es la mayoría de las veces una excusa, casi perfecta, para descubrir lugares maravillosos de nuestro país, para entrar al único bar de ese pueblo a preguntar por la llave de una iglesia y hablar un rato con el dueño, para sentarse en una plaza vacía esperando ver pasar a alguien, o llamar a una puerta al azar.*”

Dice don Isidro Bango Torviso, al que admiro, que en España hay unos diez mil restos de arte románico catalogados. Añade, sin embargo, que de entre esas obras, las maestras, las de verdadera calidad, pueden contarse con una mano. Como siempre, don Isidro tiene razón. Pese a todo, hace más de veinte años que yo quedé prendada del románico y aunque no he llegado a visitar todas las pequeñas iglesias del país, les aseguro que estoy en ello. Un coche, buena compañía, buena música y un mapa de carreteras. Autopistas, autovías, carreteras nacionales, comarcales, lo que un día lejano fueron carreteras, pistas forestales o sendas de las que alguien nos contó eran «caminos perfectos y ningún problema con el coche». De todo ha habido y habrá en este periplo de locos enamorados de esas piedras de los siglos XI y XII: he espantado vacas que me sacaban un par de cuerpos y que tomaban el sol justo en el camino, hemos terminado en cauces de arroyos secos y pedregosos, y hemos llegado donde acaba la carretera. Buscando una pequeña ermita, un capitel, una arquivolta o un canecillo como quien busca un tesoro. Todo por amor al primer estilo europeo, que dijo don Juan Antonio Gaya Nuño. Por amor y también por un poco de cabezonería, la verdad. Y es que, como escribió el monje benedictino Raúl Glaber en su *Historiarum li-*

bri quinque: «En la época en la que iba a iniciarse el año tercero después del año 1000 [...] comenzóse a reedificar iglesias y basílicas, hubiérase dicho que el orbe sacudía sus miembros y arrojaba sus harapos para revestirse de una túnica blanca de iglesias». Una túnica que sustituyó en toda Europa occidental muchas de las anteriores y humildes construcciones eclesiales y que nació casi simultáneamente en diversos lugares justo cuando comenzó a aumentar el comercio y cuando las ciudades revivieron. Éste, dicen muchos, fue el auténtico renacimiento europeo, el del siglo XI. Un nuevo estilo, el románico, fundamentalmente eclesial, prendió como una mecha, alentado por el afán renovador benedictino de las poderosas abadías de Cluny y Jumièges. Pero lo más sorprendente es que se convirtió en un estilo verdaderamente popular; creció en monasterios y abadías, pero llegó vigoroso a las ciudades y, más aún, a las villas y aldeas menos importantes. Seguramente, el primer edificio que se levantaría en muchos de estos lugares fue la iglesia románica a lo largo de los siglos XI y XII.

¿Y qué ocurrió en nuestra península? Pues no fue menos. Los reinos cristianos y condados que conformaban entonces lo que hoy es nuestro país no lo fueron. Aquí también llegó el románico en el siglo XI. A ello contribuyó el auge de las peregrinaciones a Santiago de Compostela. Aunque el hallazgo de la tumba del apóstol es anterior y está documentada en el siglo IX y las peregrinaciones no empiezan formalmente sino en el siglo X, es en el XI y el XII cuando Santiago entra en el «*Hall of Fame*» de las peregrinaciones, sobre todo con la caída de Jerusalén en manos de los turcos en el XII, lo que obligó a cambiar la ruta de Tierra Santa a Iria Flavia. Por esas rutas de peregrinación, por el Camino a Santiago, llegarían peregrinos, comerciantes, pero también artesanos, canteros, pintores, clérigos y monjes. Se podría decir que Europa entró en España de la mano de los monjes negros de Cluny y de esa venida lo más perdurable, lo que todavía podemos ver en nuestros pueblos, es el románico. Un estilo «universal» (donde *universal* se refiere al Occidente cristiano) que, sin embargo, fue creciendo e incorporando elementos de las diferentes tradiciones locales, los que se llamaron «artes antiguos». Justo por esto podemos reconocer una iglesia románica entre otras anteriores o posteriores, pero también somos capaces de distinguir entre las románicas: entre una iglesia románica castellana o una gallega o catalana. Iguales y distintas, ellas atesoran en nuestro país tradiciones e influencias del arte visigodo, del prerrománico asturiano, del arte mozárabe o de repoblación, estilos que habían nacido y crecido en nuestra Península y a los que luego se sumaron las influencias lombardas, borgoñonas o normandas, persas, bizantinas o islámicas. Así, solamente se encontrará el románico de ladrillo, el llamado «mudéjar», en nuestro país. Un románico único y elegante que cambió los sillares de piedra por ladrillos, yeso y cerámicas vidriadas, y que fue fruto de ese patio de vecinos hispanomusulmán que fue nuestro país en los siglos XI y XII. Pero también sólo en el románico español aparecerán esas elegantes galerías porticadas castellanas, casi claustros abaciales mutilados y en las que se reunían los concejos de las «comunidades de villa y tierra», villas de repoblación casi en las mismas fronteras.

Pero el románico español tiene otra peculiaridad mucho más obvia: su distribución. Y es que si cogen un mapa tendremos que trazar una línea sinuosa desde Badajoz, pasando por Córdoba y Jaén hasta Valencia, dejando fuera Albacete. Esta singularidad tiene además mucho que ver con la situación política: mientras en la mayor parte de Europa se vivían tiempos de paz al encontrarse muchos de los caballeros embarcados en las diferentes cruzadas a Tierra Santa, la península Ibérica vivía su propia *cruzada* desde hacía siglos. Esto es una de las cosas más maravillosas del románico español: batallas, escaramuzas, *razzias*... Y aun así, se levantaron templos casi en las mismas líneas de los frentes, en las fronteras casi despobladas y en casi todas las poblaciones. No sólo eso, sino que reyes y señores se sirvieron de los monasterios para estructurar y controlar las tierras que iban recuperando a los musulmanes. Muchos de los pueblos nacieron en esa época. Y cuanto más al sur, más tardío, menos original, casi un muerto viviente. Porque aquí, en España, el románico llegó hasta bien entrado el siglo XIII, mientras se levantaban por Europa las agujas altísimas del gótico. El románico había muerto en todas partes, pero la popularidad que había alcanzado entre los artesanos peninsulares y las vicisitudes guerreras le alargaron la vida como en ningún otro lugar. Ermitas, monasterios, iglesias... unas majestuosas, otras humildes, pero en todos los rincones. Espadas y maestros canteros, el románico hispano es de una tenacidad asombrosa en un territorio en guerra constante no sólo contra los territorios musulmanes, no, pues los reyes y condes cristianos no perdían oportunidad de enfrentarse también entre ellos. Y, pese a todas las dificultades, la aspiración de ser Europa, manifestada en el románico, en ese románico casi heroico.

Efectivamente, las obras maestras se podrían contar con una mano o dos a lo sumo. Por desgracia, sólo tenemos una catedral de Santiago de Compostela, un San Isidoro de León, un monasterio de Santo Domingo de Silos, unas pinturas de Bohí Taüll o un San Juan de Duero, pero ¿saben?, el románico, el más humilde, es la mayoría de las veces una excusa, casi perfecta, para descubrir lugares maravillosos de nuestro país, para entrar al único bar de ese pueblo a preguntar por la llave de una iglesia y hablar un rato con el dueño, para sentarse en una plaza vacía esperando ver pasar a alguien, o llamar a una puerta al azar. Y los paisajes, claro, porque recuerden que allí donde acaba una carretera puede haber un monasterio, como el de Sant Quirze de Colera en la sierra de la Albera, o Santa María de Iguacel, a la que se llega cruzando el río Ijuez como si estuviéramos dentro de un cuento. Un coche, buena compañía, buena música y un mapa de carreteras. Y acercarse a Oloritz buscando la casa donde guardan la llave de San Pedro de Echano, la iglesia que contiene un carnaval. Llegar hasta Luna y enamorarse de los capiteles de la ermita de San Gil. Maravillarse de la esbeltez de San Pedro de Tejada y pensar que el ábside de San Martín de Elines es casi perfecto. Caminar entre viñedos a orillas del Miño para darse de bruces con Santa María de Pesqueiras. Los volúmenes de la cabecera de Santa Marta de Tera y su milagro equinoccial, el capitel de los monos de San Facundo y San Primitivo de Silió, la galería de San Miguel de San Esteban de Gormaz, las iglesias mudéjares de la Moraña o el castillo de Alcañiz. Y buscando el románico por España se acaban buscando todas esas influencias sin las que ese románico no podría haber sido: lo visigodo en Santa Lucía del

Trampal o San Juan de Baños, lo musulmán en Medina Azahara o la Aljafería de Zaragoza, lo mozárabe en Lebeña o San Cebrián de Mazote, o lo prerrománico en San Julián de los Prados. Como ven, el viaje es largo y entretenido, pero merece la pena siempre. Porque sí, porque Pórtico de la Gloria sólo hay uno, pero también sólo hay un pequeño relieve en una ajada iglesia de un pueblecito al que nunca iríamos si no fuera por esa escultura. El patrimonio es una forma fantástica de conocer un poco más nuestro país y una forma de aprender a amarlo y disfrutarlo todavía un poco más, y el románico, «primera definición de Occidente», como lo llamó Focillon, lo tenemos a la puerta de casa, porque también quisimos ser Europa allá por los siglos XI y XII, justo como somos y queremos ser hoy.

Silvia Castellanos Andrés (Granollers, 1976) es licenciada en Sociología por la Universidad Complutense de Madrid y especialista en arte románico. Actualmente colabora en *Jot Down*.

El puzle completado

Jorge Bustos

“Ciertos portavoces de la generación que no vivió la Transición la impugna con resentimiento y aporta prolijas explicaciones de su fracaso; pero jamás se plantean la única pregunta pertinente, el único enigma en pie: por qué España ha tenido éxito.”

Cuando tenía seis años, mis padres me regalaron una caja de puzles de la península Ibérica. Conviene disculparles: me gustaban los puzles, mis padres son españoles y hablamos de un tiempo exótico en que España aún admitía avatares inocentes como el del juguete educativo. Semejante uso infantil de la nación hoy parece restringido a Cataluña.

Recuerdo que la caja contenía un puzle geográfico, con sus ríos azules y sus cordilleras pardas, y abajo, en la esquina inferior derecha —luego aprendí que las Canarias en realidad se encontraban a la izquierda—, se levantaba sobre la isla de Tenerife la amenazadora pirámide del Teide, que capturaba mi imaginación con improbables erupciones apocalípticas. Otro de los puzles consistía en un mapa monumental que evocaba los dioramas de una guía turística, con su Giralda y su Alhambra, su Torre de Hércules y su Sagrada Familia, su Acueducto y sus molinos manchegos. Y yo hacía y deshacía el patrimonio español hasta que aprendí de memoria la ubicación de sus venerables gigantes de piedra mucho antes de poder visitarlos a todos para rendirles el tributo de mi primera admiración.

Pero el puzle que más me atraía llevaba el misterioso rótulo de «político»: sus piezas eran las comunidades autónomas. De modo que mi primer contacto con la política fue el Estado de las Autonomías. Y a fuerza de descomponer las fronteras autonómicas y de volverlas a recomponer, el niño ingenuo de los ochenta que yo era creció dando por supuesta la actual organización política de España, como se dan por hecho, desde el principio de los tiempos, el Mulhacén o el Tajo.

Más tarde descubrí que el Estado es el producto de una ardua convención con que los hombres aseguran su convivencia, y que como tal exige una concertación de voluntades sujetas a la ondulación de todas las cosas humanas: éstas pueden virar hacia el conflicto y la aversión como antes estuvieron presididas por la complicidad y el afecto. Y descubrí también, a medida que ingresaba en la adolescencia, que España estaba dividida en rojos, fachas y nacionalistas —que a su vez podían ser de izquierdas o de derechas—, y que uno debía cumplir con tales militancias si quería ser un español medianamente reconocible por los suyos. Y lo que causa más placer, por los otros. Y yo, que como todo el mundo deseaba ser aceptado, me apliqué a la tarea. Escogí mi bandera. Me españolicé reglamentariamente.

Porque el español de mi quinta, como la mujer para Simone de Beauvoir, no nace español sino que llega a serlo mediante apasionadas adhesiones a una mentira heredada. Hay muchos modos de profesar fervorosamente esa mentira: en concreto diecisiete pequeñas cunas y dos grandes ideologías. Uno puede ser español orgulloso, taxativo, unívoco, y uno crece pensando que éste es el modo más puro de amar a su país. También puede uno experimentar una crianza tan dichosa —normalmente en un pueblo con lengua propia, o al menos con acento peculiar— que sus afectos queden presos para siempre del recuerdo de la especificidad de su brillante pieza de puzle; hablamos del español entrañable que difícilmente alcanza a emocionarse con la ancha idea de un viejo Estado-nación, pero mata al infeliz que difame su terruño. Y, finalmente, uno puede recibir un día el santo crisma de la identidad propia —un dios nuevo que suele hablar por dos bocas: la de clase y la de género—, y esta toma de conciencia resulta a menudo tan violenta que expulsa de sí el cariño a los símbolos comunes en beneficio de espectrales dignidades no menos mitificadas. Es decir, que uno puede ser español por la vía recta o español por negación, pero, en ambos casos, lo que cuenta es que al niño le desbaratan el puzle de la España blanca de los dientes de leche y le entregan otras categorías, más complejas, un poco más oscuras. Porque son excluyentes, inasequibles al sano solapamiento. Porque el español es muy suyo, nos han dicho. Cuando en realidad llevamos toda la vida siendo la obra de los traumas de los demás.

Con el tiempo, el peso de la identidad asumida por cada español gana un peso insoportable. Tanto que hay que convertir España es una excusa de la impotencia, según la certera acusación que Azaña dirigió a los noventayochistas. Y llega un momento en que el español tiene que decidir. O suelta lastre de herencias confundidas con epifanías o abraza para los restos el desprecio de Emerson, para quien la coherencia no era más que la obsesión de las mentes inferiores. La elección más inteligente, a mi modesto entender, es la del español en permanente proceso de españolización consciente y de desespañolización castiza. En ello estoy, y me explicaré.

Yo creo que nuestro tiempo exige lo mismo que cualquier otro, es decir, matar al padre. En los casos más enconados quizá convenga además matar al abuelo. La larga crisis, el extenuante *procés*, el cuestionamiento del sistema demoliberal y otras calamidades perfectamente europeas están cursando en España con traicioneras febrículas de noventayochismo que debemos vigilar. Porque hay un noventayochismo mal entendido que parece agotarse en la delectación morbosa, el acento en el dolor de España, sin reparar a la vez en la sacudida regeneradora que aquellos escritores jóvenes venían a propinar, según su manifiesto fundacional: «La juventud intelectual tiene el deber de dedicar sus energías, haciendo abstracción de todo, a iniciar una acción social fecunda, de resultados prácticos». Cuando el joven Azorín le manda el borrador a Unamuno en 1897, el vasco se apunta al programa con un agudo matiz: no se trata de hacer abstracción «de todo» sino «de toda diferencia». Un político actual lo diría de otra manera: «Lo que nos une por encima de lo que nos separa». Y este sintagma, de tan manido, provocará sonrisas, pero la demanda que encierra ya es inaplazable. No es momento de señalar por culpa de quién la tarea sigue pendiente, sino de acometerla de una vez. «Lo que el pueblo español necesita es cobrar confianza en sí, aprender a pensar y sentir por sí mismo, no por delegación, y, sobre todo, tener un sentimiento y un ideal propios acerca de la vida y de su valor.» Azorín asintió entonces. Asentimos hoy nosotros.

Españoles nacidos en democracia: la advertencia de Machado ha caducado. Tomad vuestro volumen de *Campos de Castilla* y arrojadlo a la piscina. Si en el siglo XXI una de las dos España vuelve a helarnos el corazón, no es culpa de España, sino de nuestro «morbo histórico» —Azaña otra vez—, de nuestra culpable dependencia del maltrato de género histórico. Sólo a los degenerados les pone la necrofilia. Sólo se enfrían los cadáveres, las ideologías muertas. ¡Qué tierno y qué revelador fue aquel tuit en que Pablo Iglesias asumió la literalidad mostrenca de la cita de Machado y defendió que «una de las dos Españas» aludía sin más a la derecha, ignorando la ambivalencia del verso con la que el poeta avisaba también al izquierdista del hielo en la sangre que le pondrían los suyos! Ese resorte mental que sólo salta hacia el pasado debe ser inutilizado. Y si hay que enterrar a los abuelos, lo haremos con manos piadosas. Pero los enterraremos muy hondo. Y les haremos el favor de no recrear sus estúpidos errores fratricidas.

El XXI español ha de ser de una santa vez el siglo de los desheredados altivos. De los desmemoriados conscientes. Se equivocaba Santayana, se equivocaba: no hay que estudiar nuestra historia para escapar a la condena de repetirla, sino por el puro placer de conocerla, en primer lugar. Y en segundo, para que ese conocimiento levante un dique macizo entre el pasado doliente de España y un presente optimista, sin excusas. No compadecemos al español mediocre que clama en las redes sociales contra este país de pandereta, porque él es el panderetero mayor del reino: el desesperado buscador de excusas colectivas para su frustración personal e intransferible. Ojo con recordar, porque recordar es repetir. Ojo con la Historia, decía Valéry, porque es el producto más tóxico que haya elaborado la química del intelecto: «Hace soñar, embriaga a los pueblos, les engendra recuerdos falsos, exagera sus reflejos, alimenta sus viejas llagas, les atormenta en su reposo, les conduce al delirio de grandeza o al de persecución y vuelve a las naciones amargas, soberbias, insoportables y vanas». Esta vez no aprenderemos que el fuego quema apoyando las manos sobre las ascuas.

El tramposo dolor de España debe mutar en la alegría animal del español sin lírica, sin lagrimeo cursi ni militancia polvorienta. La clase media ha sufrido, pero los sociólogos honestos saben que su merma ha sido políticamente exagerada y que ya está en pie, madrugando a diario en su puesto, llenando terrazas y consumiendo el fin de semana uno de esos abonos estomagantes de turismo rural. Ciertos sobrerrepresentados portavoces de la generación que no vivió la Transición la impugna con resentimiento y aporta prolijas explicaciones de su fracaso; pero jamás se plantean la única pregunta pertinente, el único enigma en pie a despecho del mester de hechicería historicista: por qué España ha tenido éxito. Evidentemente no sabrían responderla.

Así que el hechizo lastimero de España está roto, damas y caballeros. Se jodió la manera más eficaz de seguir jodiendo el Perú, que es preguntarse constantemente cuándo empezó a joderse. Jodidos están los ojos de quienes no quieren ver que hace mucho tiempo que España, su desvaído trapo rojigualdo, su himno modesto y vital —el único que ha tenido la deferencia de carecer de letra— y su descentralizada trama de afectos cuenta una historia de superación salvaje, de democracia sin más adherencias que las que proyecta el coro *lúser* de los esclavos del ayer. A los de los ojos limpios pero cansados de ver división y precariedad, que nos ayuden a detectarlas y corregirlas. A los del glaucoma de la ubicua decadencia, que se lo traten en el especialista: que se lo hagan mirar. Luego, ya curados, nos reagrupamos todos y aprobamos el primer punto del orden del día: volver a dar por supuesto el mapa de las autonomías. Completar una última vez el puzle, enmarcarlo, fijarlo a la pared y salir al patio. Que la vida está esperando, españolito, y no piensa quedarse a oírte llorar.

Jorge Bustos (Madrid, 1982) se licenció con Premio Nacional en Teoría de la Literatura pero se decidió por el periodismo. Empezó escribiendo en revistas y prensa local. Fue reportero en la revista *Época* y redactor en *La Gaceta de los Negocios*. Sobrevivió como articulista *freelance* en *Zoom News*, *Jot Down* o *El Confidencial*. En 2015, se incorporó a la redacción de *El Mundo*, donde actualmente es jefe de Opinión y columnista, además de cronista parlamentario y deportivo. También colabora como crítico literario en *El Cultural*, participa como tertuliano de radio y televisión en COPE, Telecinco y La Sexta, y forma parte del consejo asesor de la Fundéu. *La granja humana* fue su primer libro. Con *El hígado de Prometeo* quedó finalista del Premio Internacional de Ensayo Jovellanos. En *Crónicas biliares* recogió el estallido de su vocación literaria. Su cuarto libro es *Vidas cipotudas*, un recorrido por los momentos estelares del empecinamiento español.

España descubierta

Laura Fàbregas

> *“Desde que había llegado a la capital, nadie me había hablado bien de España. Tuvo que ser un extranjero el primero en hacerlo.”*

Como suele suceder, es un viaje el que nos abre los ojos. Y la mirada del otro. En mi caso, esto sucedió al irme a vivir a Madrid, al compartir ciudad y sueños con personas muy diversas. Pero empecemos por el principio.

Nací y crecí feliz en un pueblo del noroeste de España. Pero mi infancia y adolescencia no fueron lo que podríamos llamar una infancia y adolescencias españolas. La razón es muy sencilla: en el pueblo de Cataluña donde crecí, como en otros pueblos, ni España ni lo español estaban muy bien vistos. Tampoco mal vistos. Simplemente eran algo lejano. Durante mucho tiempo, eso no fue grave ni traumático. Crecí libre, pero ahora sé que en mi educación faltaron algunos hitos sentimentales: todos aquellos que pudieran tener que ver con sentir una pizca de alegría por algún logro colectivo español celebrado en los medios. A cambio, tampoco me apenaba por las derrotas o fracasos, que tampoco eran míos.

Este escamoteo de mi parte española, esta desconexión con el resto de España, no generaba ningún sentimiento de odio en mí. Era más bien indiferencia. A veces, me sentía un poco frustrada si no podía alegrarme demasiado por la segunda Eurocopa conquistada o porque, por primera vez, una actriz española como Penélope Cruz ganara el Óscar a la mejor intérprete por la película *Volver*, de Pedro Almodóvar. Esta alegría a medias era una suerte de *coitus interruptus*. Una sensación, además, que era compartida por otros amigos.

Aunque cada uno lo vivía de forma distinta, claro. Algunos de mis mejores amigos lo veían como una forma de opresión: no poder salir del armario, no poder vivir libremente como autóctonos. Para muchos otros, entre ellos yo misma, la compensación por estos pequeños sinsabores era el narcisismo. Ese orgullo propio del que carecen la mayoría de los españoles. Sentirme mejor o diferente por el hecho de haber nacido en un lugar concreto del norte.

Entonces, un viaje, un cambio de paisaje. Durante el último año de carrera, el curso de prácticas me llevó a Madrid. «¿A Madrid?», solían interrogarme sorprendidos algunos de mis allegados. Yo también iba cargada de ciertas preconcepciones, pero intuía que la ciudad era algo más que la rivalidad futbolística... Al principio, la comparación era inevitable e intentaba sacar pecho de lo propio. Y si algo en mi nuevo destino funcionaba mejor lo atribuía a los favores políticos por ser la capital. Pero pronto me di cuenta de que Madrid la hacía toda la gente procedente de todos los lugares de España. Encontré muy buenos sitios para desayunar los mejores *pa amb tomàquet*, ambientes acogedores en los que tomar una caña bien tirada con tapa gratis y camareros muy chulos pero también muy generosos que no te perseguían con la cuenta. Te ofrecían lo mejor y sin prisa, ennobleciendo este oficio al no perder el trato cercano y familiar con el cliente.

Las metrópolis siempre son duras para alguien de fuera, pero la capital era accesible, integradora. Y, al mismo tiempo, nunca había perdido cierto aire y sensación de pueblo. Madrid estaba llena de catalanes, gallegos, andaluces, ingleses, canadienses o italianos a los que las principales empresas abrían sus puertas. No sólo las multinacionales —algo común en todo el mundo—, también las firmas españolas. Conocí a un italiano que trabajaba para el principal periódico del país y que me confesó que, en *La Repubblica* o el *Corriere della Sera*, sería inimaginable que un español ocupara su posición.

Su discurso me sorprendió. Desde que había llegado a la capital, nadie me había hablado tan bien de España. Tuvo que ser un extranjero el primero en hacerlo. Me explicó que había vivido en Alemania y Francia, y que España era uno de los países menos elitistas y clasistas de Europa. Más familiar incluso que Italia, su país natal. Y mucho menos machista, homófobo o racista de lo que los propios españoles creen de ellos mismos. Reconozco que esta falta de amor propio de los españoles me cautivó. Una parte de mí empezaba a darse cuenta de que, en este caso, era mejor pecar por ausencia que por exceso de orgullo patrio.

Unos años más tarde, me acordaría de esa conversación al leer en el diario dos informes. Uno del Pew Research Center, que situaba a España como el país del mundo más tolerante hacia la homosexualidad. Y otro de la ONG estadounidense Freedom House, en la que mi país sacaba matrícula de honor en derechos políticos y libertades civiles. Así, no pude evitar pensar que, mientras España era un sinónimo de libertad para las mujeres o los homosexuales, no lo era para mis amigos de infancia. Otra cosa que nos habían robado. España, además, era uno de los más concienciados del mundo contra la violencia de género. Mi experiencia personal —que había sido ser estudiante de intercambio en Estados Unidos— era la constatación de que había pocos países en los que las mujeres gocen de tanta igualdad y en el que los roles de género estén tan difuminados. También por lo que respecta a la emancipación y el conocimiento de la propia sexualidad. El caso más cercano que conocía era también Estados Unidos, uno de los diez países del mundo con más embarazos adolescentes. España, por el contrario, no aparecía en ninguna estadística de este tipo. Caía otro mito: el de la España machista.

Las dudas empezaban a apoderarse de mí, aunque me resistía. Era como mi tío, educado en el catolicismo, que descubrió a edad avanzada que era homosexual y no podía sino sentir mala conciencia en sus primeras relaciones sexuales con hombres. Iba en contra de lo que le habían enseñado. Pero la realidad cae por su propio peso de la misma forma en que la naturaleza se impone sobre las voluntades y creencias personales. En los trabajos que encadené en la capital coincidí con españoles de todas las autonomías. Era la ciudad de España con más gente proveniente de otros lugares. Me pareció, al fin y al cabo, un entorno mucho más rico que mi tierra natal, donde, desafortunadamente, el idioma autóctono se usa, a veces, también como barrera frente al talento y la competencia. Vi que se defendían en inglés o francés igual o mejor que mis amigos de siempre; que eran igual de currantes. En definitiva, que la picaresca del *Lazarillo de Tormes* y las fantasías del caballero *Don Quijote de la Mancha*, más que una realidad sobre el carácter de mis conciudadanos, eran sobre todo dos grandes obras universales.

Formaba parte de un país sin aires de superioridad. Más bien lo contrario. Poco importaba ser uno de los Estados pioneros en derechos de los homosexuales, o que la Organización Mundial de la Salud valorase nuestro sistema de salud nacional como el cuarto mejor del mundo. Eran los años de la crisis, muchos españoles se veían forzados a irse al extranjero. Entre éstos, millares de enfermeras que de inmediato encontraban trabajo en el Reino Unido, Austria o Suiza por sus elevados conocimientos. Es decir, por estar mucho mejor preparadas que las enfermeras de los destinos a los que se dirigían. Algo idéntico pasaba con los ingenieros, que se los disputaban en Alemania. Con esa cantera, no era de extrañar que España tuviera uno de los sistemas de salud más eficientes y una industria automovilística puntera. Aunque, a decir verdad, eso entonces no lo valoraba. No por desdén sino porque me interesaba por otro tipo de asuntos, como que la capital de mi país tuviera algunas de las pinacotecas más grandes del mundo. Goya y Velázquez eran únicos.

Ahora vivo en Madrid, pero no he dejado nunca de volver a mi pueblo. Para emprender ese viaje cruzo media España, con su variado paisaje y sus villas históricas. Mi país es el tercero del mundo con más patrimonio de la humanidad, sólo por detrás de Italia y China. Me siento afortunada de tener dos hogares. De ser tan catalana como antes y, al mismo tiempo, de haber redescubierto mi parte española. No me siento mejor ni peor, tan sólo afortunada. Es algo de lo que ya no quiero ni querría saber desprenderme. Me entristece pensar que muchos de mis amigos, a los que quiero y de los que ni la distancia ni la política ha conseguido distanciarme, siguen despreciando el patrimonio vital español que podrían hacer suyo si quisieran. Espero que no sea tarde para que hagan, como hice yo, su particular descubrimiento. Cada uno a su manera. Y a su tiempo.

Lo que tengo claro a día de hoy es que lo que pasa en mi comunidad autónoma sucede en muchos puntos del continente. En los años duros de la crisis, el fantasma del populismo recorrió Europa, pero los españoles demostraron obrar como personas mayores de edad. La mayoría de sus conciudadanos, finalmente, no creyeron a los que proponían fáciles dicotomías entre culpables e inocentes. Votaron cambio para castigar la gestión durante la crisis, pero se mantuvieron en lo conocido y lo aburrido. Puede parecer de un conservadurismo aterrador, pero la historia está llena de ejemplos donde las aventuras políticas y los cambios radicales suelen ser para empeorar la vida de los ciudadanos. En el Reino Unido triunfó el *brexit*, en Estados Unidos Donald Trump, pero España demostró madurez democrática al no sucumbir a las cómodas mentiras del populismo. Nunca más nadie podía darnos lecciones de democracia. Si la Transición fue un éxito que se estudia en todas las facultades de ciencia política del mundo, cuarenta años después nuestro país es una democracia consolidada. Y que no debe tener complejos frente a sus vecinos europeos.

La lección que aprendí es que España no es tan mala como me la habían pintado. Y que mi país ya no vive de cuentos y leyendas. Ha madurado. Es uno de los mayores activos europeos, y, quizá, uno de sus actores más necesarios en el nuevo siglo.

Laura Fàbregas (Barcelona, 1987) es periodista y licenciada en Ciencias Políticas. Es la delegada en Madrid del digital catalán *Crónica Global* y colabora en otros medios como TV3 y *The Objective*.

La infraestructura como nación

Josu de Miguel

"La infraestructura es nación porque es el medio físico que el Estado, ese proyecto común que ayudamos a financiar entre todos, ha dispuesto para que la sociedad cree riqueza y los ciudadanos tengan éxito en sus propósitos vitales."

En mi familia, siempre hemos sido de viajes razonables. Vascos con alma castellana, por decirlo en términos barojianos. Salíamos de Vizcaya para someternos a la luz del cielo y las exigencias de un paisaje, mayormente, burgalés. Más tarde, cuando mi hermano se fue a estudiar Veterinaria, nuestras excursiones llegaron a tierras leonesas. Para mí, todas aquellas salidas discurren por los territorios de la infancia, muy marcada por la afición de mi padre a la caza y el tránsito por carreteras dificultosas, llenas de baches y peligros.

Sería casi banal decir que aquélla era una España en blanco y negro. Este país tenía todavía que realizar la gran transformación pendiente: la de la movilidad. Dicha transformación no era posible sin la construcción de un Estado moderno. Conviene no divagar con estas cosas, aquí no estamos haciendo un tratado de ciencia política. Por Estado moderno entiendo un tipo de asociación que pide dinero a sus ciudadanos para hacer cosas sometiéndose al principio de responsabilidad. Qué extraño se me hace oír a ciertos políticos afirmar que el gran problema de la Constitución de 1978 es que no permite la redistribución, nada menos. La actual estructura del sistema fiscal procede del año 1977, gracias a la profunda reforma impulsada por el ministro Francisco

Fernández Ordoñez, tras las elecciones de 1977, que modernizó definitivamente el sistema fiscal español y lo preparó para la integración en Europa.

Poca redistribución y poca inversión pública podría existir en nuestro país antes de la Transición, cuando la base de los recursos del Estado eran los impuestos indirectos. Con el aumento progresivo de los presupuestos generales, con el multiplicador keynesiano autonómico, España comenzó a cambiar de rostro en la década de 1980. Fueron casi diez años de impulso de algunas bases fundamentales del actual Estado del Bienestar, en materias como la sanidad, la educación, las pensiones y la asistencia social. Curiosamente, no sería hasta la siguiente década, cuando las políticas de infraestructuras mutaron en gran medida la forma en la que se comunicaba España. Ese cambio se debió al acuerdo —poco conocido— entre Helmut Kohl y Felipe González, donde se negoció el apoyo de nuestro Gobierno a la unificación alemana, a cambio de un generoso paquete de ayudas canalizadas a través de la Unión Europea.

Aquellas ayudas incrementaron sobremanera la inversión anual en la mejora y creación de infraestructuras. Se construyeron nuevas autovías que poco a poco fueron abandonando el esquema radial impuesto por el centralismo heredado. Muchas de ellas son hoy extraordinarias carreteras por donde coches y camiones transitan gratuitamente. Permanecen, como factor de agravio, las famosas autopistas que modestamente construyó el franquismo, a partir de una iniciativa privada que obtuvo la gestión del servicio posterior durante numerosas décadas. Pero, sin duda, el hito más importante de la infraestructura nacional fue la inauguración de la primera línea de tren de alta velocidad, que unía Madrid con Sevilla con motivo de la inauguración de la Exposición Universal de 1992. España es hoy uno de los países con mayor número de kilómetros de tren de alta velocidad, lo que no obsta para mirar con cierta desconfianza una política ferroviaria que quizá no ajusta correctamente la relación entre el coste de la inversión y el beneficio social.

Pero miren, no estoy aquí para hacerles un informe sobre la situación de las infraestructuras en España. Volvamos al principio. Terminada mi formación académica, tuve la fortuna de encontrar un empleo en Cataluña, en la Universidad Autónoma de Barcelona. En esa época había comenzado a vivir en Palencia. Desde el principio se planteó la forma en la que uno intentaría conciliar la vida familiar y laboral. Fueron tiempos duros, largos viajes en tren nocturno, que salía de Barcelona a las ocho de la tarde y llegaba con un poco de suerte a las cuatro de la madrugada a su destino. Entonces nos enteramos de que una compañía de bajo coste realizaría un vuelo diario desde Valladolid, así que durante un tiempo cogía un avión en Villanubla los domingos y retornaba de Barcelona los viernes a la tarde. Eran los años en los que se empezaron a demonizar las «infraestructuras fantasma», aquellas construcciones espoleadas por el viento fiscal favorable de la fatal fiebre inmobiliaria que sufrió nuestro país. Si los aeropuertos regionales estaban al servicio de las «castas» locales, lamento informarles que, al menos, en los aviones que yo transitaba, viajábamos una representación bastante completa de lo que eran las capitales de provincia, aquello que Azaña llamaba con singular mala leche «burgos podridos».

En éstas estábamos cuando a mi mujer la trasladaron en el trabajo. Había que mudarse. Ahora tocaba vivir en Logroño. Muchos me preguntan por qué esta ciudad y no otra. Pues miren, puro racionalismo producto de mapa, escuadra y cartabón: parecía un lugar de encuentro razonable entre Barcelona y Soria. No crean, gané en comodidad, porque ahora tendría un par de trenes directos entre casa y el trabajo. El tren se convirtió así en mi segunda casa. La vía trascurre por un angosto terreno hasta Tudela y termina empalmando con la línea de alta velocidad en Zaragoza, lo que acorta notablemente el viaje con respecto a épocas pasadas. No quisiera llevarles a engaño y derivar en unas pinceladas sentimentales sobre las ventajas de viajar en tren, como reza la desternillante novela del siempre eficaz Antonio Orejudo. Hacer mil kilómetros todas las semanas sobre raíles, sin la comodidad y rapidez de la alta velocidad plena, termina debilitando los espíritus más poderosos.

En cualquier caso, no creo que en todos estos años nada me haya humanizado tanto como compartir fatigas con otros viajeros. Los políticos de este país tendrían que estar por lo menos un año de su vida recorriendo España en medios de servicio público para conocer mejor a sus conciudadanos. Con este posgrado en materia de realidad llegarían a la misma conclusión que yo: la nación no es otra cosa que todas aquellas personas que contribuyen de una manera u otra al sostenimiento de la sociedad. Ya habrán caído en la cuenta de que Siyès probablemente tenía razón. Y es que cada medio de trasporte es un caleidoscopio de la España que trabaja sin atender a otras diferencias que las que establece la a veces injusta lotería del nacimiento.

Difícil no percibir el frenesí de llamadas y correos electrónicos de los industriosos, directivos y emprendedores que diariamente cogen el AVE o el puente aéreo con el objetivo de llevar adelante sus negocios. Uno va con la intención de leer una novela para desconectar, y termina realizando alguna tarea contagiado por el ambiente. En medios más modestos, como los trenes de media y larga distancia, viajan aquellos funcionarios y trabajadores de servicios que semanalmente tienen que desplazarse a otras ciudades para ganarse la vida. Los domingos por la tarde coincidía con empleados de banca a los que la crisis no les había dado otra opción que elegir entre el paro o irse a Barcelona a alguna oficina perdida del extrarradio. No he olvidado las escenas familiares de la partida. Tampoco quiero dejarme en el tintero el medio más duro que he conocido desde que las circunstancias me hicieron convertirme en un nómada: el autobús. Confieso que, al igual que el tren nocturno, el autobús me sume en la tristeza. En él viajan muchas veces inmigrantes, generalmente solos, que llevan la vida consigo en equipajes inverosímiles: suelen preguntarte nada más llegar al destino si conoces tal o cual calle o barrio. Inevitablemente, terminas pensando de dónde vienen, dónde pasarán la noche y cómo podrán salir adelante en un país con recursos tan limitados y un mercado de trabajo tan exigente.

Voy terminando. Con este texto inconexo y de manifiesta incapacidad literaria, he querido combatir los esencialismos románticos que parecen dominar el relato sobre la espinosa cuestión nacional en España. La infraestructura es nación porque es el medio físico que el Estado, ese proyecto común que ayudamos a financiar entre todos, ha dispuesto para que la sociedad cree riqueza y los ciudadanos tengan éxito en sus propósitos vitales. Una infraestructura que como imaginan se lleva mal con la imposición de límites políticos y territoriales: en el argot, cuando hay que poner en marcha fusiones trasnacionales de medios de transporte, se recurre a la interoperabilidad, asunto enojoso que sirve para ajustar las diferencias técnicas derivadas de errores y accidentes históricos, como el ancho de vía elegido en el siglo XIX para hacer frente a la compleja orografía peninsular. Bien es verdad que los esfuerzos para corregir esta situación y conectarnos con Europa, tratando de superar la soberanía de aeropuerto que impone la vida burocrática continental, se ven ahora contrarrestados por propuestas locales para fragmentar la infraestructura que nos une.

Demostración palpable de que, contrariamente a lo que se suele afirmar, y volviendo al Baroja con el que abríamos este texto, hay pasiones políticas que no se curan viajando: paradójicamente, parecen volverse incluso más acendradas.

Josu de Miguel (Bilbao, 1975) es profesor agregado de derecho público en la Universidad Autónoma de Barcelona. Ha realizado diversos libros y artículos sobre el proceso de integración europea, el federalismo y la constitución económica. En la actualidad, es además colaborador en *El Correo* y *The Objective*.

Soy médico en España

Talía Liaño

“*Hay gente maravillosamente formada, increíbles médicos y mejores personas. Quieren trabajar aquí, en España, porque siguen creyendo que tenemos uno de los mejores sistemas sanitarios del mundo.*”

La sanidad española tiene una bien ganada fama, y sin duda algo tiene que ver que en 2018 los españoles vivamos de media unos diez años más que la población mundial.* Pero quien nos cuida y sana no son las máquinas o los protocolos, sino los médicos. Créanme, a pesar de todo, los nuestros son de primera. Digo «a pesar de todo» porque yo soy médico en España y les aseguro que el sistema no nos lo pone fácil. Ser médico en España no es sinónimo, en general, de ganar mucho dinero ni de tener unos horarios cómodos que permitan eso que llaman «conciliación familiar». Implica trabajar con un sueldo mileurista durante tus años de residencia para pasar luego a cobrar todavía menos con los cada vez más de moda contratos del 50 por ciento o becas de investigación. Hacer guardias infinitas y no poder ver a tu familia, pareja o amigos todo lo que te gustaría. Yo quise ser médico, a pesar de todo eso. A pesar de que mis padres (médicos los dos) me advirtieron de que no lo fuese, a pesar de mí misma, que soñaba con ser periodista deportiva. Soy médico y no me arrepiento de nada.

* Con ochenta y tres años, España era el segundo país con mayor esperanza de vida de la OCDE en 2017, casi diez años más que en 1978.

La gente suele pensar que todos los médicos lo somos por vocación. Nada más lejos de la realidad. Muchos empezamos la carrera sin haber deseado nunca serlo. Quizá porque teníamos buenas notas y quedaba bien hacer Medicina, quizá por tradición familiar o simplemente por probar algo que creíamos que podía gustarnos. Pero estoy segura de que la mayoría hemos acabado nuestra formación convencidos de que tenemos una de las profesiones más gratificantes del mundo y, por supuesto, una de las más sacrificadas.

Una persona muy cercana, a la que admiro por su enorme calidad humana, me suele decir: «Talía, cada día que paso en el hospital de guardia, me quita un trocito de vida». Y tiene razón, en cada jornada laboral de un médico se queda un pedacito de nosotros. Se nos considera sanadores, pero nos enfrentamos a la preocupación, a la enfermedad y a la muerte de forma más próxima y con más frecuencia de lo que la gente se piensa. Es desgarrador tener que decir el día de Navidad a un marido octogenario que su mujer, con la que lleva más de cincuenta años, se muere. Quien no lo haya hecho nunca no atisba a entender lo difícil que es no ponerse a llorar con esa familia y seguir trabajando convencido de que lo que hacemos merece la pena.

Creo que todas las personas que trabajan en los hospitales son, a su modo, héroes silenciosos. Rara vez ocuparán la portada de un periódico, para eso ya están los futbolistas y Cataluña. Pero quiero pensar que son héroes para los pacientes y sus familias. Podría nombrar un millón de ejemplos de esas pequeñas hazañas que he ido viendo *en las salas de los hospitales españoles* en mis escasos años en este mundo, pero me limitaré a contar sólo unos pocos. Porque son estos actos que quedan ocultos entre bastidores los que nos hacen seguir creyendo que un mundo mejor y una sanidad mejor son posibles.

D. T. es residente de último año en un gran hospital público, hace cinco o seis guardias al mes y no siempre puede descansar al día siguiente. Después de una noche con demasiadas pocas horas de sueño se queda en el despacho llamando a algunos pacientes que ha visto en guardias previas. Quiere saber cómo están, si se encuentran mejor con el tratamiento que les prescribió o si ya les han citado para las pruebas. Lo hace por voluntad propia, porque se preocupa por esa gente más allá de lo que el sistema le exige.

G. C. tiene una atestada consulta de ambulatorio. En sus mañanas libres se va a la biblioteca a revisar los pacientes que verá ese día, a planear el enfoque de cada caso y comprobar los resultados de las pruebas que se han realizado. ¿Por qué esa molestia extra?, se preguntarán muchos. Porque sabe que cinco o diez minutos no son suficientes para ver a un paciente si antes no tiene en mente todo lo que debe hacer.

A. A. volverá a España en unos dos años. Como otros muchos médicos ha buscado su camino en el extranjero, intentando subespecializarse en lo que más le apasiona. Quiere volver y lo dice abiertamente. Casi da vergüenza escuchar que, cuando lo haga, siendo probablemente una de las personas más cualificadas en su campo de estudio y trabajo, tendrá que aceptar contratos precarios para pasar una consulta general que poco o nada tendrá que ver con lo que ella hace.

M. L. es jefe de servicio en un hospital. Desde que empezó en este cargo ha dejado atrás el prototipo de sistema piramidal que heredó, en donde la jerarquía importaba más que los conocimientos y el compañerismo. Es jefe para lidiar con la burocracia, pero no duda en quedarse fuera de su horario de trabajo si alguno de sus compañeros (que no subordinados) necesita ayuda. No es un jefe que levita en una nube, es un médico con los pies en la tierra.

M. S. ya ha llegado al momento de su jubilación. Cuando habla de ello se refiere con nostalgia a sus primeras décadas como médico. Ha vivido muchos cambios, y la mayoría no han sido para mejor. Aun así, se reafirma en la opinión de que no cambiaría esta profesión por nada. Hasta su último día en el trabajo llamaba uno por uno a los pacientes cuyas pruebas habían revelado algo preocupante para que adelantasen la cita o fueran directamente a urgencias. Muchas veces, estas llamadas le impedían llegar a tiempo para comer con su familia. «¿Cómo voy a comer sin tener la certeza de haber hecho bien mi trabajo?», solía decir.

Deberíamos escuchar más a estos médicos jubilados. Aprender de los errores de la historia que nos relatan. Hablan con ilusión de esos años ochenta cuando España salió de las sombras de la dictadura y prosperaron las medidas sociales. La desidia y la desgana eran la excepción. Había un ambiente de respeto y cordialidad entre los habitantes de los centros sanitarios, ya fueran profesionales o pacientes. Desgraciadamente, cuesta decir que en los últimos tiempos esto sigue siendo así. Somos beligerantes antes que cordiales y se trabaja más por necesidad que por gusto. Podríamos culpar al «sistema» y a la clase política, es lo sencillo y no nos faltaría parte de razón. Pero no deberíamos olvidar que la culpa es de todos y cada uno de nosotros, médicos, enfermeros, celadores, administrativos, pacientes. No sigamos cometiendo los mismos errores, intentemos evitar esa piedra con la que nos empeñamos en tropezar. Somos humanos, es posible que hayamos cometido la equivocación de desviarnos del buen camino, pero tenemos la capacidad de rectificar. Sumemos pequeñas acciones que impulsen el cambio colectivo.

E insisto en afirmar nuestra humanidad, porque la medicina es la ciencia de lo humano. No desconectamos cuando se acaba la jornada. Trabajamos con y para las personas. Un error puede suponer la vida o la muerte de otro. O siendo menos dramático, la mejoría o no de la calidad de vida de aquellos que atendemos. Nos llevamos a casa los problemas y las enfermedades, las buenas y las malas decisiones, la incertidumbre. Nuestra jornada laboral es de veinticuatro horas siete días por semana y sólo cuarenta de esas horas son remuneradas.

Pero no nos molesta: en general, afrontamos el trabajo con una sonrisa. Y si pasas por un momento de desengaño con la profesión, siempre tienes un compañero o compañera que te recuerda que al final lo que hacemos merece la pena. En mi caso, también me acompaña el famoso libro de relatos de Oliver Sacks *El hombre que confundió a su mujer con un sombrero*. Una lectura que considero obligada para todos los públicos y muy especialmente para esos médicos que hayan perdido un poco la esperanza.

Hay gente maravillosamente formada, increíbles médicos y mejores personas. Quieren trabajar aquí, en España, porque siguen creyendo que tenemos uno de los mejores sistemas sanitarios del mundo. Están convencidos de que la sanidad no debe ser una empresa, y si lo fuese, debiera ser la empresa altruista por excelencia.

Tenemos que luchar para que ese pensamiento no muera, no dejarnos llevar por la inercia del desencanto. Si hace falta, haremos que el sistema arda desde sus cimientos y lo reconstruiremos de nuevo. Cambiarlo todo, menos a esos héroes silenciosos que caminan con sus capas blancas.

Talía Liaño Sánchez (Madrid, 1987) trabaja como neuróloga en el complejo hospitalario Ruber Juan Bravo y da clases en la Universidad Europea. Realizó sus estudios básicos en el colegio Siglo XXI y el Bachiller Internacional en el Ramiro de Maeztu. Licenciada en medicina por la Universidad Complutense de Madrid, acabó su periodo formativo como médico residente en Neurología en el Hospital Clínico San Carlos en 2016.

Una fábula española. Euston Square

Ignacio Peyró

> “*Véase que nosotros, que llegamos a publicitar el «*Spain is different*», hemos podido celebrar cómo los hispanistas empiezan a tratarnos no como «una víctima del sur», sino, en palabras de Raymond Carr, como «un país normal». Un país —por cierto— que puede mejorar cuando se lacera menos y se exige más.*”

Hacia 1820 y 1830, los españoles exiliados en Londres quizá fueran gentes —como observa Alcalá Galiano— «erradas por lo común en las doctrinas», pero, conforme al resorte ético que abrillanta lo pobre con lo honrado, al menos se encontraban «puros del ruin delito de la corrupción, en situación de honrosa indigencia». Sus ideas liberales en nada parecían chocar con la pervivencia de esa moral hidalga: Pecchio confirma que cada uno de ellos «*portava in trionfo la sua povertà*», en tanto que Carlyle los describe, por la parte de Euston y St. Pancras, paseando su «condición trágica» con la dignidad de «leones númidas enjaulados». De arrabal de Londres a estación de metro, dos siglos después, a uno se le hace difícil pasar por Euston Square —tan cerca de donde vivo— y no dedicar un pensamiento a aquellos «españoles desdichados» que tuvieron que acogerse «a cielos tan distintos a los suyos».

No es de extrañar que fuera otro exiliado —Vicente Llorens— quien estudiara con más ahínco la peripecia de estos transterrados: desde que el Cid, *tan fuertemientre llorando*, tomase el camino del destierro, hay quien ha querido ver el éxodo como un designio entre nosotros, como una maldición propiamente española. Pareciera que siempre unos españoles les han sobrado o sido incómodos a otros españoles, y —de alumbrados a jesuitas— muchos de los nuestros han tenido que dormir con la maleta de cartón bajo la cama. Es España como «gran madrastra». Y aun cuando pareciera hablar por esas «heridas mal cerradas del corazón del desterrado», uno de nuestros huidos más insignes de la época, Blanco-White, ya convertirá el dolor y el vituperio en un primer barrunto de fatalismo hispánico. Se hace difícil leerlo: «España es incurable».

Irónicamente, los primeros que creerían en esos determinismos de la historia de España no iban a ser los españoles, sino tantos viajeros foráneos para los que —como escribe Jiménez Lozano— «España no es España si deja de ser romántica, con su hambre, su ignorancia y sus negros fantasmas». Caminantes británicos y —en menor medida— continentales comenzaron, a partir de ese mismo primer tercio del XIX, a imaginar España como «un país de anomalías». No se trata de los burdeles presididos por una imagen de la Virgen que vio Brenan. Del Ochocientos en adelante, el tópico hispánico va a adquirir una consistencia que sobrepasa el gesto folclórico y tendrá mucho de condescendencia ajena y complejo de inferioridad cultural propio. Ahí están los lugares comunes de la «España indolente», el «mañana, mañana», nuestro carácter de avanzadilla de África o la descripción de una vida nacional «entregada a la conversación, la siesta, el paseo, la música y la danza». Reforzados de generación en generación, estos tópicos han vivido hasta hoy en la proyección exterior de España y también han hecho sentir su desaliento a la hora de mirarnos nosotros mismos al espejo. En ocasiones, parecemos habernos convencido de que tenemos la patente de todo un elenco de defectos: además de los citados, todavía podríamos añadir apasionamiento, localismo —geográfico y moral— o descrédito de la inteligencia, por ejemplo. Y, notablemente, ahí estaría la pulsión por posar con nuestro mejor cainismo en todo lo que va de Goya a Picasso.

Los viajeros británicos no iban a cambiar mucho de un siglo a otro: si Ford se había quejado —¡antes de 1850!— de que en España apenas hubiera ya monjes ni mantillas, nada menos que Orwell aprecia, en las callejas de Lérida y Barbastro, «una especie de eco lejano de la España que mora en la imaginación de todos», en un *pack* que incluye «rebaños de cabras, mazmorras de la Inquisición», «gitanos, canciones en la calle»; y, por supuesto, «mujeres con mantilla negra». Pero si los viajeros británicos cambiaron poco, los exiliados españoles, en el espacio de un siglo, tampoco iban a cambiar más que de liberales a republicanos. Sus mismos sentimientos iban a ser —de un éxodo a otro— muy similares, quizá porque «en la vida del desterrado alternan y se mezclan las penas con las ilusiones» sin importar la época. Y si «la malaventurada España» causa penar entre los Torenos y los Rivas del XIX en Euston Square, en el siglo XX y en Temple —tan cerca de donde trabajo—, Cernuda consignará que España es «sólo un nombre», que «España ha muerto». Al lado del reproche o del insulto, sin embargo, siempre vamos a encontrar el rescoldo de un amor que no se extingue. Y el poeta no puede menos que rendirse al evocar una geografía embellecida —ennoblecida— por Galdós: «el nombre de ciudad, de barrio o pueblo, / por todo el español espacio soleado», desde el «Portillo de Gilimón o Sal si puedes» hasta «Cádiz, Toledo, Aranjuez, Gerona». La sobriedad de ese amor nos emociona hoy tanto como emocionó a un poeta que tenía menos razón de amor hacia España que cualquiera de nosotros. Pero ya en el XIX nuestros liberales se habían considerado integrantes de una España de perdedores, de una España que se encontraba —ciertamente— «vencida y prófuga», pero «viva aún en tierra extraña», con su poso de afectos. Será que, para unos y otros, España iba a ser algo más que una prisión o un pasaporte, que el lugar de las injurias o los derechos iba a ser también una raíz, una trama de complicidades, un trabajo de la imaginación capaz de representar la noción de comunidad y de pertenencia.

Quizá por eso, aun cuando los exilios londinenses tuvieran sus «odios acerbos», las vivencias de nuestros exiliados no dejan de escribir ante nosotros uno de los retratos más amables y emotivos de nuestro país: el formado por las solidaridades, asistencias y cortesías de unos españoles para con otros, por distintos que fueran. La bonhomía con que un cura asturiano, hermano de Riego, reparte chorizos «legítimos extremeños» para confortar a los enfermos. La soltura con que la UGT podía organizar los bailes y el Opus Dei convocar las misas de las muchachas que, pasados los años cincuenta, se iban a Londres a servir. La naturalidad con que todos dieron en llamar, a aquel arbolillo de sus reuniones en Somers Town, «el árbol de Guernica». Y es hermoso y justo que en la España de nuestro último exilio prendiera pronto algún presagio de concordia, porque una de las acepciones más dulces de España es la de los españoles expatriados. Eso ocurre hoy como ha venido ocurriendo siempre. Pero tiene sus momentos insignes: la paz, la piedad y el perdón con que Salazar Chapela, republicano, dedica a Panero, franquista, su *Perico en Londres*: «por encima de trincheras».

Si la España enfrentada fue real, no menos real ha sido —es— la España reconciliada, como bien sabemos aquellos que, hijos de la UCD, nacimos con Suárez. Y, con toda la imperfección que achaquemos a la política, es bueno saber que, en poco más de una generación, los españoles pasamos de la guerra a la convivencia en democracia. Y no será tan horrible la vida que nos hemos dado cuando, en apenas una semana, quien esto escribe ha podido publicar una tribuna en defensa de nuestra monarquía constitucional y rendir homenaje a un exiliado republicano en Oxford. Si la España contemporánea necesita un revestimiento afectivo, en la Transición bien podemos encontrar nuestra épica —con el extra de que, desde la igualdad entre españoles a nuestra apertura al mundo, es una épica, por así decirlo, avalada por la estadística—. Véase que nosotros, que llegamos a publicitar el «*Spain is different*», hemos podido celebrar cómo los hispanistas empiezan a tratarnos no como «una víctima del sur», sino, en palabras de Raymond Carr, como «un país normal». Un país —por cierto— que puede mejorar cuando se lacera menos y se exige más.

Cierto viajero continental, allá por el XIX, habló de la resistencia atávica y la imposibilidad física del ferrocarril en España, al tiempo que se preguntaba quién haría el trabajo, toda vez que los españoles «odian siquiera la idea de moverse». Bien: por esos caminos de bandoleros hoy acelera el AVE. Las ventas que olían a ajo ahora se han reconvertido en Relais & Châteaux. Y aquí, en

Londres, si hay un español por Euston Square no es porque sea un exiliado: es porque va a la sede de cierta empresa, también española, llamada Banco Santander. No, no todas nuestras historias terminan mal.

Ignacio Peyró (Madrid, 1980) es periodista y escritor, autor de *Pompa y circunstancia. Diccionario sentimental de la cultura inglesa* (Fórcola) y de *Comimos y bebimos* (Libros del Asteroide). Además, es traductor y prologuista de obras de Waugh, Auchincloss, Huysmans, Kipling, Valle-Inclán o Assía, entre otros, ha dirigido la edición de *Lo mejor de Ambos Mundos*, es autor de diversas monografías sobre arte, y ha participado en obras colectivas como el *Atlas de literatura universal*. En su itinerario periodístico ha trabajado como corresponsal político y redactor jefe de cultura y ha fundado o dirigido medios de cultura y opinión como *Ambos Mundos*, *Nueva Revista Digital* o *El Subjetivo*. Habitual como firma de opinión, periodismo literario y literatura, ha publicado sus trabajos en los más conocidos medios nacionales e hispanoamericanos y ha sido consejero de EFE. En materia de comunicación, ha asesorado a diversas personalidades y ha trabajado en la Presidencia del Gobierno, donde llegó a dirigir la Unidad de discursos. Ha presentado sus trabajos en instituciones como el CEPC, la Universidad de Oxford o la Fundación Juan March. Ahora dirige el Instituto Cervantes de Londres.

Volver a Canaima

Karina Sainz Borgo

“El camino de ida y vuelta que recorren las naciones para alcanzar otras versiones de sí mismas. Canaima: una novela, una librería, una selva...”

Cuando Antonio Rivero Suárez llegó a Caracas desde España, en 1951, Rómulo Gallegos ya había publicado *Canaima* y *Doña Bárbara*. El novelista vivía exilado en México tras un golpe de Estado militar y el coronel Marcos Pérez Jiménez presidía una dictadura que duró siete años. En España, la guerra civil había dejado ausencia y humareda a su paso, Francisco Franco hacía tiempo que ejercía de caudillo y Jaime Gil de Biedma despertaba al acontecimiento de sus primeros versos.

Don Antonio tenía entonces veinticinco años. Venezuela crecía regada por la lluvia petrolera y España atravesaba el largo desierto que el siglo XX le tenía deparado. Caracas se construía a toda prisa. Eran los años del ensueño de las obras públicas y la épica del concreto; aquellos que atraerían a Claudia Cardinale y a J. F. Kennedy. A esa Caracas llegó Antonio, el canario. A ésa. Hijo de un padre agricultor y una madre analfabeta que cosía pantalones para los vecinos de calle Triana de las Palmas de Gran Canaria, Antonio creció como el menor de diez hermanos.

A la librería donde ahora él evoca aquellos días, llegan esta mañana hombres y mujeres, un trasiego de lectores impensables en la España en la que él creció. En su casa, la comida era justa y las cosas no estaban como para ponerse a estudiar. «Mi madre siempre se las ingenió. No pasó un día sin que desayunáramos: agua de nogal, lo que hubiera», dice. A los diez años, Antonio ya había comenzado a trabajar de aprendiz en el sector de la construcción. A los catorce, y tras mucho hacer de chico de los recados, se incorporó a la librería Paquita Mesa, origen de la librería Selecciones, en Las Palmas de Gran Canaria.

—Entonces no había más de tres o cuatro librerías en toda la isla. Paquita Mesa era la única. —Antonio se lleva las manos a la comisura de la boca, acaso porque recordar siempre da sed—. Entonces se publicaba muy poco en España.

—¿Por qué se marchó a Venezuela?

—Porque aquí, en España, no había nada.

A los seis meses de instalarse en Caracas, Antonio regresó a Canarias, hizo una compra de libros a los distribuidores Hermanos Brito y emprendió la vuelta. Así comenzó: vendiendo los títulos que había conseguido en España y los que le enviaban las editoriales argentinas y mexicanas. En aquellos días, Antonio recorría el boulevard de Sabana Grande en bicicleta para vender «barajitas», como se llama en Venezuela a los cromos. «No tenía dinero, no tenía nada. Y con eso al menos me daban una comisión.» Pedaleó mucho don Antonio. Compró una camioneta y abrió luego una librería y distribuidora. Quien mira la fotografía de aquel local colgada junto a otras de aquella época puede ver en la instantánea el reflejo del sol en la cristalera, también los parquímetros y el guardafangos de lo que parece un Buick. Veo la imagen y reconozco los ecos de un país en el que todo prometía futuro.

Don Antonio volvió a España, treinta años después, en 1977. Franco había muerto apenas dos años atrás y España se preparaba para votar una Constitución, echar a andar la democracia e ingresar en la Unión Europea. Nada más regresar a su tierra, Antonio abrió una nueva librería, ésta en la que hoy conversamos: Canaima. La elección del nombre no fue fortuita. Tenía una intención: esa palabra, que da nombre a la región selvática venezolana, es el título de la novela en la que Rómulo Gallegos describió su proyecto civil: el enorme fresco de la lucha entre barbarie y civilización. En el número siete de la calle Senador Castillo Olivares de las Palmas de Gran Canaria, esa palabra —Canaima— resuena con el peso de una cornisa. La brecha entre un país que iba rumbo a su mayor demolición y otro, España, que encontró el camino para resurgir de la suya.

Don Antonio se mueve a sus anchas por la librería que fundó hace ya cuarenta años. Hay algo ilustrado y redentor en el aniversario que celebran, juntas, una librería y una carta magna. La «Luz» y la «Ley» unidas en las circunstancias del que migra. Del que se marcha y regresa. El camino de ida y vuelta que recorren las naciones para alcanzar otras versiones de sí mismas. Canaima: una novela, una librería, una selva... el espacio restante entre un país redimido, España, y otro, Venezuela, que hoy expulsa a los suyos. «Algún día será verdad. El progreso penetrará en la llanura y la barbarie retrocederá vencida», escribió Rómulo Gallegos en su novela *Doña Bárbara*. Cuando Antonio Rivero llegó a Caracas desde España, en 1951, tenía veinticinco años. Hoy tiene noventa y cuatro. Hay trasiego y escarmiento en ese largo viaje que entraña toda reconstrucción. Entre aquella España de la que él salió y ésta, queda el Atlántico, ese mar en el que alguien siempre dice adiós.

Karina Sainz Borgo (Caracas, 1982) nació en una Caracas extinta, cuando todo estaba a punto de incendiarse. Por eso le gusta pensar que es hija del Viernes Negro y que tiene la edad de una guerra muy anterior. Trabaja como periodista especializada en temas culturales, aunque, la verdad, escribe a todas horas. Muchas de esas páginas las publica en <Vozppopuli.com> y <Zenda.com>. El resto está engavetado. Siente debilidad por los paquidermos, Fante y Flaubert y cree, firmemente, en la resurrección futbolística de Guti.

Discurso pirrónico

Jorge Freire

“La búsqueda de las esencias es una tarea ímproba. No sé, ni me interesa, en qué consiste la idea de España, pero me gusta ser español y, en cuanto animal social —el buey solo mal se lame—, me gustan mis compatriotas.”

Contaba con unos diez años cuando sentí por primera vez que me gustaba ser español, signifique eso lo que signifique. Supongo que la infancia es el único terreno que permite abonar ciertas pasiones, porque desde entonces no he vuelto a sentirlo con la misma intensidad. Claro que sigo albergando la intuición de que ser español no está nada mal, pero se trata de un contenido mediado, procedente de la experiencia sensible. En el fondo, eso es lo que quiero creer: que mi natural escepticismo propende a lo fenoménico y que mi gusto, entendido como el más profundo de los sentidos, nada tiene que ver con las fantasmagorías de la niñez. Aunque quién sabe.

Íbamos con cierta asiduidad a un pueblecito coruñés cercano a la costa. Que mantenga un recuerdo tan vivo de su iglesia parroquial me hace sospechar que fui rellenando huecos con la argamasa de la imaginación. Vislumbro sus tres sólidas torres, con sus cúpulas semiesféricas, y veo con claridad la imagen del apóstol, con su caballo piafante, en medio de la fachada neoclásica. Y, al pie del templo, el sepulcro de los Freire de Andrade, que yo me representaba como una estirpe de monjes guerreros a la que, de una manera remota, pertenecía.

Quien mantiene vivo un recuerdo de la infancia —yo lo

hago— está salvado. Lo dice Aliosha Karamázov en la mejor novela de Dostoievski. ¿Es real mi recuerdo? Tanto da. No tardé en olvidarme de esos secos nobles que aplastaban con puño de hierro las revueltas de los irmandiños, pero, de alguna forma, mantuve intacta una fascinación infantil por ese linaje. Todavía hoy su remota formación cisterciense sigue atizando mi curiosidad. Quizá se deba a que los bernardos me caen simpáticos, con su cogulla blanca, su escapulario negro y su gusto por las cervezas trapenses, a pesar de que prefiero una Estrella Galicia a una Chimay. De un modo u otro, he pasado horas estableciendo pesquisas y saltando de rama en rama. En ocasiones he pensado que se debía a una cuestión de nominalismo: probablemente intuyese que el apellido Freire (derivado del latino *frater*) tenía algo que ver con mi identificación secreta con el fraile. No fueron pocas las veces que envidié su modo de vida cuando comenzó a despuntar mi vocación literaria: levantarme a los maitines de madrugada, seguir con mis tareas hasta la hora de realizar una comida frugal e irme a la cama a las siete de la tarde. Con veintipocos años me soñaba llevando esta vida rutinaria, ordenada y matutina, la escondida senda por donde han ido los pocos sabios que en el mundo han sido. ¡Cuántos libros habría escrito!

Desde entonces, el pasado de España no ha dejado de atraerme, y he tratado de regresar a él en infinidad de ocasiones. No es una empresa ardua para quienes alcanzamos la mayoría de edad al cumplir el siglo, aunque entraña ciertos riesgos. El peso de las generaciones pasadas ya no es el chichón que, a juicio de Karl Marx, oprime nuestras cabezas, aunque puede convertirse en una chepa intumescente si uno se pliega en exceso a ello.

Debo decir que la imaginación ha sido, desde mi primera infancia, el escotillón por el que me he colado siempre que me he aburrido o, como me ha sucedido de mayor, cada vez que la rutina ha amenazado con adocenarme. Sin embargo, como dice el protagonista de *El corazón delator* al comienzo del relato de Poe, les he dicho que soy nervioso, muy nervioso, pero no estoy loco. Recuerdo dos cosas de una excursión que realicé a Alba de Tormes durante mi año salmantino en compañía de un grupo de franceses e italianos. Por un lado, el plato de alubias y el vinazo de Arribes que me llenaban la andorga; por otro, la inefable sensación de que el enigma español se descifraba ante mis ojos y que, por unos instantes, se situaba en los intersticios de los mudejarismos charros y los surcos urbanos que habían dejado las órdenes militares. Cosas de la juventud. Desde entonces, no sé muy bien si la mirada se me ha acomodado a lo empírico o si una especie de dura catarata, por así decirlo, me sustrae cualquier visión metafísica.

Nací el mismo año que España firmó el tratado de adhesión a la CEE, normalizando en buena medida la situación del país. Es probable que el rescoldo europeísta no ofreciese suficiente lumbre para solucionar la cuestión de la diversidad nacional, que a la postre terminó escamoteándose. Pero, incluso cuando la hoguera se ha ido apagando con los años, pocos de mi generación niegan que España es europea —algo que es, a fuer de romana, desde el término de las guerras púnicas— y que eso del «problema español» es una pamema.

Y, sin embargo, algo me hace pensar que seguimos moviéndonos entre las abscisas y ordenadas de viejísimas querellas, como la que enfrentó a krausistas y reaccionarios —por mentar una que hoy es papel mojado—. Puede que la mía sea la primera generación capaz de escapar a la lógica binaria que lleva escindiendo esta piel de toro tendida al sol de mediodía —símbolo bifronte donde los haya: ora tótem cretense de ubérrima fertilidad, ora mancha endémica de una región uncida al atraso—; la misma lógica que divide en carlistas e isabelinos, patriotas y afrancesados, castizos e ilustrados. Un juego de contrarios ante el que, sintiéndome gallina en corral ajeno, me encojo de hombros. No soy de Isabel ni de Juana, aunque, todo sea dicho, a veces fantaseo con que la Beltraneja, después de ser expulsada por el suspicaz Enrique IV, hubiese vencido en Toro —el tótem, otra vez—. Cierto es que Aragón y Castilla no habrían unido sus reinos y, en consecuencia, no habría surgido España, pero habríamos mantenido los ojos en el Atlántico, por decirlo con Madariaga, y portugueses y castellanos habrían conservado el común iberismo que, según Camões, nunca perdieron del todo. En ocasiones, lo reconozco, me imagino al alférez Duarte de Almeida resistiendo con uñas y dientes, literalmente, y enarbolando el estandarte real con la fuerza de sus fauces hasta el momento postrero. Fantasías infantiles de un imposible iberismo. ¿Y qué?

Tengo la costumbre de bromear con mis compañeros de trabajo a cuento de las frases tontas que aparecen en los azucarillos. El otro día, durante la acostumbrada pausa para el desayuno, topé con una de esas frases que se vuelven especialmente odiosas cuando uno las piensa en serio: «Para atrás, ni para tomar impulso». ¡Valiente imbecilidad! El caso es que no me di cuenta de la envergadura del mensaje hasta un par de días después, como el polemista que, aquejado del célebre *esprit de l'escalier*, da con la respuesta perfecta a una disputa cuando ya está volviendo a su casa. Si esa frase, aparentemente inocua, tuviese razón, no podríamos jamás volver la cabeza, por miedo a que nos tragasen las entrañas de la tierra o a tornar estatua de sal. Nos veríamos, en resumidas cuentas, huyendo eternamente, como el ejército en desbandada que imaginó Aristóteles: cabalga y cabalga, escapando de un temible enemigo, hasta que, inopinadamente, uno de los fugitivos decide volver grupas y advierte, con perplejidad, que no hay enemigo alguno.

A mí me gusta pasar el rato imaginando las huellas neolíticas de los primeros agricultores, los penachos rojos de las centurias romanas, las fugaces acometidas de los visigodos y las desventuras de los celtíberos. ¿Pasa algo? Hay gente que hace cosas peores.

Naturalmente, cualquier extranjero se percata de que presentarse como español es una especie de *captatio benevolentiae* que hacemos con la boca chica; de que los españoles llevamos desde la intemerata mirándonos en la pletina de un microscopio con la reiterada terquedad de un neurótico. ¿Debemos, por tanto, dar de lado la memoria? Todo lo contrario. Pero ni la verdad surge de la mera obstinación —es inútil buscar perlas en el muladar— ni el talante obsesivo de una investigación da cuenta de su profundidad. De hecho, ni siquiera lo profundo tiene valor alguno por sí mismo. Nadie duda de que, mientras persevere en su descenso, el barón de Münchhausen sólo puede hundirse en las arenas movedizas. La solución estriba, a mi juicio, en convertir en autocrítica sana lo que hasta ahora no ha sido sino un reiterativo psicoanálisis nacional.

Quédese, por tanto, el excepcionalismo negrolegendario, con su melancólica introspección y su machacón inevitabilismo, para los apolillados libros de viajeros que hoy nadie lee: las anteojeras de su enconado racismo les hacían ver las tupidas frondas de la sabana desplegándose en la falda de los Pirineos. Sepúltese, a poder ser bajo siete sellos, en compañía de la interminable ringlera de obras que el cejijunto noventayochismo supo producir a comienzos del siglo pasado: *El mal de España, El ser de España, España como problema*... ¡Qué horror!

No cabe duda de que los pescadores de río revuelto encontraron un filón en el rancio *Kulturpessimismus*, pero no hay mal que cien años dure. Cierto es que, de entre los restos del naufragio imperial, surgió un país prometedor cuya semilla se extravió, agostándose, en los surcos de la reacción. Pero hoy, memoria histórica mediante, eso es agua pasada que no mueve molino.

La búsqueda de las esencias es una tarea ímproba. No sé, ni me interesa, en qué consiste la idea de España, pero me gusta ser español y, en cuanto animal social —el buey solo mal se lame—, me gustan mis compatriotas. Por supuesto, puede que esto tenga escaso valor. *Gustibus non est disputandum*, sentenciaban los latinos, pues sobre gustos, ajenos por completos a cualquier valor intersubjetivo, no puede haber nada escrito. Pero tengo mis razones, aunque éstas sean prosaicas, para afirmar que habito un lugar afortunado en el que es posible vivir y prosperar. Al ojo mundano, ajeno a abstracciones y ectoplasmas, le basta con saber que cuenta con un clima bonancible, una magnífica gastronomía y prácticamente todas las ventajas del primer mundo para emitir un juicio. Al fin y al cabo, el buen empirista es como esos marineros que dan la espalda a la línea del horizonte y embisten a flor de agua, con la vista en el más acá. Pero hay más. Todo me hace pensar que algunos rasgos del país —la libertad de costumbres; el respeto, que no mera tolerancia, por el diferente; la heteroclítica y, acaso, plurinacional policromía de sus regiones— pueden deberse a algo más arraigado: a saber, la larga tentativa española de conciliar contrarios, la indefinida convivencia de diferentes pueblos en el mismo suelo. Con todo eso me basta.

Jorge Freire (Madrid, 1985) es filósofo de formación y se dedica a la docencia. En 2015, publicó una biografía de la novelista estadounidense Edith Wharton. Su segundo libro, *Arthur Koestler. Nuestro hombre en España* (2017), obtuvo un buen reconocimiento crítico. Ha participado en las antologías *Rulfo, cien años después* (Huso, 2017) y *Proyecto Wemen* (Sílex, 2018). Colabora en *El Mundo*.

La España que conozco

Andrea Mármol

“La generosidad que vi de pequeña entre castellanohablantes y catalanohablantes se me antoja hoy encomiable, sobre todo, por la naturalidad con la que creo que el ser humano puede convivir con la diferencia si ésta no es agitada como causa de todos los males.”

Crecí en Santa Coloma de Gramenet, una ciudad situada al lado de Barcelona. Para quien no conozca el lugar, se podría explicar que se trata de una ciudad de una planificación urbanística dudosa, escenario del *boom* migratorio de los años noventa y con el parque fluvial del río Besós con vistas a la congestionada Ronda Litoral como activo turístico de primer orden para los fines de semana. Me permito el lujo de reírme, claro, de la ciudad, como sólo puede reírse uno de las cosas a las que reserva cierto cariño y a las que perdona los excesos y las imperfecciones.

A la edad ni demasiado temprana ni tardía de los trece años dejamos la ciudad, y si Max Aub dijo que «uno es de donde hace el bachillerato», yo presumo que uno es del lugar en el que, al volver, se reconoce. Y a mí eso me sucede con Santa Coloma de Gramenet. Quizá porque fue el lugar a través del cual me asomé al mundo y comencé a comprenderlo. Recuerdo las primeras lecciones en clase de historia: desde el Paleolítico a la guerra civil española, para mí todos esos acontecimientos debían de haber tenido lugar en las calles de Santa Coloma, escenario también de las canciones que escuchaba mamá y de los poemas que memorizábamos en clase. En quinto de primaria, cuando me dejaron ir sola al colegio, abandonaba mi casa un cuarto de hora antes para llegar siempre por caminos distintos, un poco por lo emocionante que resultaba estar en paradero desconocido por unos minutos y mucho más por atravesar la calle Mayor, imaginando a veces allí las hazañas de los protagonistas de los clásicos de la literatura adaptados que nos hacían leer en primaria; otras veces confundía a conciencia el Besós con el Ebro y luego corría a contar que había visto cosas que eran falsas.

En las pasadas elecciones autonómicas catalanas, el municipio otorgó más del 65 por ciento de los votos a partidos constitucionalistas; y supera el 75 por ciento si se incluye a Podemos. Hoy, se hace casi imposible no tener en eso cuenta si el objeto es hablar sobre por qué nos gusta España. Y aunque no sería extraño el hecho de usar el parapeto de haber crecido en un lugar que alberga pocas simpatías hacia el nacionalismo catalán para argüir el rechazo a nuestro proyecto común, lo cierto es que jamás he tenido motivos para saludar la causa secesionista. Uno de los motivos es que el nacionalismo hace insoportables muchos asuntos que no tienen por qué serlo en absoluto. El ejemplo claro de ello es la gestión de la diversidad de las sociedades que el nacionalismo pretende monolíticas, una idea que tan sólo necesita una pequeña dosis de realidad para ser desbaratada.

He intentado muchas veces aproximarme a los primeros recuerdos que guardo de la diversidad de lo que para mí entonces era el mundo y, en realidad, no era más que una ciudad mayoritariamente de castellanohablantes como yo. Quizá porque tenía costumbres corrientes en una ciudad corriente, siempre vi con cierta fascinación la diferencia. Del clima político de entonces he leído mucho más de lo recuerdo, pero creo que no hay falsedad documental alguna si aseguro que vivíamos, a finales de los noventa, tiempos menos agitados. Al menos lo suficientemente tranquilos como para que las convicciones políticas no tuvieran tanta ocasión de intromisión en la esfera estrictamente personal.

Quizá ello sea lo que hace posible que hoy recuerde las tardes en la granja —así llamamos, lo descubrí mucho más tarde, en Cataluña, a las cafeterías— al acabar las clases. Allí compartía con madres, sobre todo, y también con abuelos de los que eran compañeros de clase. *El* Jaume era el dueño del bar y, aunque he aprendido a mitigar la catalanísima manía de añadir el determinante antes del nombre propio, me sigo refiriendo así a él cuando lo menciono años después. *El* Jaume era íntimo amigo de mi abuelo, nacido en Almería, y les recuerdo a ambos enfrascados en sus conversaciones criticando a «los socialistas» a cuenta de cualquiera de los males que les perseguían, con mi abuelo impostando un catalán que a mí me resultaba exagerado mientras tiraba de él para poder llegar, al fin, a casa. A mí *el* Jaume siempre me habló en castellano.

La escena es cursi y absurda, pero la he recuperado en infinidad de ocasiones pensando en si hoy podría volver a ser igual, hasta el punto de haberla convertido en una estampa de la Cataluña posible. La generosidad que siempre vi de pequeña entre castellanohablantes y catalanohablantes se me antoja hoy encomiable, sobre todo, por la naturalidad con la que creo que el ser humano puede convivir con la diferencia si ésta no es agitada como causa de todos los males. Ésa ha sido, a mi juicio, la deriva de las instituciones catalanas de autogobierno desde prácticamente el inicio de la democracia, y es algo que lamento profundamente. La construcción de consensos políticos en torno al blindaje de la «lengua propia» o el «hecho diferencial» construidos precisamente en una tierra como Cataluña me resultan fruto bien del sinsentido, bien del desconocimiento absoluto de nuestra pluralidad.

Ha hecho falta ver estallar la convivencia por la deriva del nacionalismo catalán en las instituciones para que la diversidad de Cataluña empiece a estar en boca de quienes siempre reivindicaron eso para España a la vez que argüían la vocación monolítica del pueblo catalán, relegando así la demanda de una España plural a un mero parapeto para ver reconocidas exclusivamente las demandas de los nacionalistas más que como una convicción de un proyecto común capaz de aglutinar a ciudadanos culturalmente dispares. La lección es muy clara: la diversidad no se proclama, se vive y se crece con ella como fuente de riqueza y orgullo si alguien quiere. Y ésta no debería constituir jamás una excusa para perseguir distintos derechos políticos en función del lugar de nacimiento de los ciudadanos, o lo que es lo mismo: poner en cuestión lo que constituye uno de los principios básicos de nuestro Estado de derecho.

Y es que, contrariamente a lo que proclama hoy no sólo el independentismo sino amplios sectores del debate público español, la convicción de que España vale la pena no es fruto de la búsqueda de un refugio patriótico de quienes se han sentido excluidos por algún nacionalismo periférico. Esa voluntad radica esencialmente en la certeza de que en nuestro Estado de derecho, por serlo con todas las letras pese a sus imperfecciones —que tanto nos hacen, por otro lado, llegar a la conclusión de que la reforma es infinitamente mejor que la voladura— son conciliables identidades plurales: insisto, no es una mera idea biensonante, es una realidad vivida. El mayor éxito del nacionalismo es haber hecho creer a un no despreciable número de ciudadanos libres e iguales que serían más libres si son obligados a elegir renunciar a una parte esencial de lo que constituye su identidad.

Hay, sin duda, muchos más motivos para hablar bien de España, una historia de éxito que tiene en la Transición un momento de verdadera reconciliación nacional y cuyo legado no merece ser puesto en jaque ni por los caprichos de adolescencia política de quienes pretender pintarla de blanco y negro porque consideran que sólo ellos son dignos de colorearla como es debido, ni tampoco por quienes pretenden confundir la diversidad con la imposibilidad de convivencia. Pero si por algo destaca hoy, en medio de la ola nacional-populista que acecha a Europa, el proyecto común español es porque éste no requiere de adhesiones emocionales o simbólicas. Personalmente, no me causa ningún reparo, sino todo lo contrario, la reivindicación de nuestros símbolos constitucionales, su aparición en eventos deportivos, culturales o institucionales, o la famosa canción de Cecilia, y no aceptaría jamás un obsequio en forma de derechos políticos ni una distinción por ello frente al resto de mis conciudadanos, que tienen formas muy dispares de relacionarse con esos símbolos. Sólo con la certeza de que la democracia española no arbitra sobre los sentimientos de cada cual puedo sentir míos esos símbolos; de ser al contrario, no serían más que una imposición.

Sí. España es poco demandante y prueba de ello, al menos

hasta ahora, es la particularidad española de la indiferencia cuando no la pega a la reivindicación de nuestro legado común. Todos, o casi todos, albergamos un pequeño español antiespañol dentro que a menudo asoma. Sin embargo, no debiéramos interpretar esta saludable ausencia de requerimientos de ardor patriótico como garantía de que nuestra democracia puede aguantar todo tipo de agravios. De vez en cuando, hay que reconocer que España, con apego o sin él, a los nacidos en democracia al menos, nos ha brindado prosperidad, convivencia y, en mi caso, también mis más felices recuerdos. Y porque, como repite Manuel Valls, tendemos a olvidar que la historia puede ser trágica; añado yo: para evitarlo, hay que preservar lo que vale la pena. Y esta democracia lo hace.

Andrea Mármol (Barcelona, 1993), más licenciada en Periodismo que periodista, tiene un máster en Comunicación Política e Institucional y espera terminar Derecho, su verdadero interés, lo antes posible. Es colaboradora habitual en RAC1, TV3, RNE y columnista en *The Objective* y en *VozPópuli*. Y también trabaja como asesora de comunicación política en el Parlament de Catalunya. Todo esto la distrae de la hercúlea tarea de tratar de conocer el mundo antes de intentar cambiarlo.

Febrero para Carmen

Pedro Herrero

“Suárez, Carrillo, Gutiérrez Mellado, Izquierdo y Brabo. Hicieron gestos que tienen una enorme importancia para nosotros. La democracia venció. ¿Qué habría pasado si también ellos se hubieran arrugado? Pero no pasó. Mantuvieron el tipo por todos nosotros.”

Carmen, hoy cumples cinco años. Hace dos que yo empecé a trabajar en el Congreso de los Diputados. Has paseado conmigo por el edificio de Palacio, y aunque me gustaría explicarte las historias detrás de cada cuadro sé que eres todavía muy pequeña para entender la historia de nuestro país y cómo se entrecruza con la historia de tu familia.

Si tuviera que comenzar por algún sitio, empezaría contándote que eres descendiente de un coronel del ejército cristino, que murió a manos de un pelotón de fusilamiento tras caer prisionero en una acción de guerra contra los carlistas. Me gustaría explicarte que un miembro de nuestra familia fue desterrado por Alfonso XIII, por rebelarse contra el caciquismo como diputado del partido de Melquiades Álvarez. Y me gustaría también que supieras cómo otro de los nuestros ayudó a Unamuno durante su exilio, para acabar muriendo fusilado durante la guerra civil, en el Gijón de la zona republicana.

Hoy, especialmente, me gustaría que recordaras al abuelo, a mi padre, que nació con la Segunda República, en el mismo año en que Clara Campoamor conquistaba para todas las mujeres el derecho al sufragio femenino. De joven se fue a un París donde se haría comunista. Y ya en 1960, en España, un tribunal militar le condenaría a catorce años de cárcel por su actividad política. Al salir de prisión, tu abuelo siguió comprometido defendiendo en los tribunales a sus compañeros. Fueron pasando los años. Conoció a tu abuela. Se casaron. Decidieron no tener hijos hasta que cambiaran las cosas. El abuelo había visto en la cárcel cómo eran de tristes las visitas de los niños de sus compañeros presos. Cuando las cosas cambiaron, no perdieron el tiempo. En 1978, el mismo año en que se aprobaba nuestra Constitución, nació tu tío Juan. Dos años después, yo. Tu abuelo tenía cuarenta y nueve años. Siempre le conocí con el pelo blanco.

Con la llegada de la democracia, tu abuelo había dejado aparcada la militancia comunista y había vuelto a la abogacía. Pero hoy quiero contarte la historia del día en que él decidió volver a comprometerse con la política.

La historia empieza un 23 de febrero con unos golpistas que entran con armas en el Congreso y se ponen a disparar al aire y a gritarle a todo el mundo que se tire al suelo. Tres diputados —sólo tres— se niegan a obedecer esa orden: Adolfo Suárez, Santiago Carrillo y Manuel Gutiérrez Mellado. Vuelan los tiros, todo el mundo se esconde, nadie sabe lo que está pasando ni cómo va a terminar. Pero esos tres diputados —sólo esos tres— se mantienen en su sitio y se niegan a obedecer.

Tenemos la suerte de que unas cámaras estaban grabando, así que podemos ver en las imágenes la dignidad con la que se conducen Suárez (que era de centro) y Carrillo (que era comunista). Pero, sobre todo, podemos ver a Gutiérrez Mellado, un militar (conservador), que no sólo no se niega a echarse al suelo: va hacia los golpistas, hombres con armas, y les hace saber que en el Congreso no son bien recibidos. Es una reacción decidida y valiente, como de gigante indignado. Los golpistas hacen corrillo para amedrentarlo y su cabecilla, Tejero, lo zarandea para doblegarlo. Pero él, que tenía ya sesenta y nueve años, se sujeta con fuerza a la barandilla y no permite que le derriben. Es una imagen tan poderosa que hoy nos sigue emocionando.

Pero aquel día no sólo tres hombres dijeron «no». Cuando entré a trabajar en el Congreso pedí las actas levantadas por los letrados de ese día, y en ellas descubrí una parte de la historia que desconocía.

La tarde y la noche del golpe, varios miembros del Gobierno requieren a los asaltantes que las mujeres diputadas puedan salir del hemiciclo. Unas horas antes lo había podido hacer una diputada embarazada, Anna Balletbò. Cuando los golpistas acceden y dan la orden de hacer salir a las mujeres, en un primer momento las diputadas se niegan a abandonar el Congreso, pero ante las repetidas peticiones del resto de los diputados lo aceptan.

Pero no todas. Dos diputadas se quedan. Se quedan y deciden que no saldrán hasta que puedan hacerlo junto con el resto de sus compañeros. Son María Izquierdo Rojo (socialista), que es asturiana como tú, y doctora en Filosofía y Letras; y Pilar Brabo Castells, licenciada en Física, militante antifranquista desde su estancia en la universidad, miembro del Partido Comunista y, después, del PSOE, y que llegó a estar en prisión en catorce ocasiones durante la dictadura.

Imagínate lo valiente que hay que ser para decidir quedarte. Tu familia y tus amigos están fuera. Se preocupan por ti y desconocen lo que ha sucedido dentro del Congreso. Todo el mundo entendería que decidieras irte, nadie te juzgaría, es racional, es lógico, lo que haría todo el mundo. Pero tú decides quedarte. Y decides que sólo saldrás cuando salgáis todos juntos.

Suárez, Carrillo, Gutiérrez Mellado, Izquierdo y Brabo. Ellos cinco. Tres hombres y dos mujeres. Hicieron gestos que tienen una enorme importancia para nosotros, porque con su actitud sostuvieron en un hilo muy fino el relato que haríamos después sobre el golpe de Estado los españoles. La democracia venció. Sí, pero ¿qué habría pasado si todos se hubieran tumbado en el suelo? ¿Si todos hubiesen seguido las órdenes? No pasó. Y es por eso que año tras año podemos volver a ver esas imágenes sin avergonzarnos como país. Porque los miramos a ellos y nos sigue emocionando ver cómo se comportan. Ellos cinco, entre cientos, obraron como héroes por todos nosotros.

Zimbardo dice que hay que crear mitos y contar historias que refuercen la cultura del héroe en la infancia. La sustancia del héroe es la soledad. Actuar cuando otros no lo hacen. Levantar la voz. Negarse o actuar, pero siempre en soledad. A la intemperie cuando otros han buscado refugio.

Carmen, hija mía, debes saber que es difícil separarse del comportamiento de los demás, ir a contracorriente. Por eso, pronto verás que es tan difícil denunciar los acosos en los colegios e institutos. Por eso, siempre es difícil posicionarte contra el poder.

Debes saber de todo esto porque algún día tendrás un impulso en tu corazón que te diga que debes salirte del consenso, hablar libremente, ayudar al débil, apoyar la causa justa que no es popular. Y debes saber que casi siempre actuar así es arriesgado, da miedo y tiene coste.

Cuando eso pase, recuerda el 23 de febrero de 1981. Y recuerda que ese día hubo tres hombres y dos mujeres que decidieron no seguir las órdenes de unos hombres armados. Con su comportamiento individual y solitario salvaron la dignidad de todos.

Pedro Herrero Mestre (Gijón, 1980) es padre de Carmen, nacida en Oviedo, Manel, nacido en Gijón y Adrià, nacido en Madrid. Tras someter a su esposa catalana a demasiadas mudanzas e incorporarse a la política, ha trabajado como asesor de Grupo Parlamentario en la Junta General del Principado de Asturias y ahora desempeña con elegancia su trabajo en el Congreso de los Diputados mientras ve con horror cómo Madrid se ha convertido en una ciudad que le gusta.

La España posible

Estefanía S. Vasconcellos

“En mi mente, la España posible empezó el domingo 15 de mayo de 2011, con la gente recuperando las calles, hablando de política en voz alta, exportando dignidad al resto del mundo.”

Cada vez que no estemos de acuerdo,
empecemos mejor
por la buena noticia:

«hoy, aquí,
dos personas se han hecho a la vez
la misma pregunta».

Propuesta de enmienda, LAURA CASIELLES

La buena noticia es que nos hemos hecho la misma pregunta: España entre interrogantes. La mala es que va de la mano de una segunda: cuál de ellas, y casi siempre de una tercera, especialmente en la última década: qué otras preguntas trata usted de ocultar detrás de esa palabra, dígame. Repasando la lista de nombres que participan en este libro es razonable pensar que algunas de nuestras respuestas, de nuestras Españas, son incompatibles. De verdad lo creo y me parece necesario aclararlo. Pero pese a todo aquí estamos: juntas, dispares pero compactas de algún modo, encoladas en el mismo lomo, sabiendo que los países, como los libros, hay que leerlos de forma distinta en cada momento. Y corregir los errores en las segundas ediciones. Y escribir otros muchos que contengan nuevos latidos. Ésta es mi propuesta de enmienda a un relato anticuado del *ser español*. Porque no basta con cambiar la portada, hay que actualizar la pregunta. Hoy, aquí, la España posible.

La España posible empieza con un clamor en amarillo y negro. *Sin casa, sin curro, sin pensión, sin miedo*. Con la luz de los días que crecen, con el olor de un mes de mayo en Madrid. Con Asela, que emigró a Edimburgo. Con Edu, que ahora vive en Barcelona. Con Miquel, que se fue de España y regresó. Con Noe, que sigue en la trinchera del periodismo. Con un ascenso por la calle de Alcalá hacia la Puerta del Sol, rodeada de Sísifos con pancartas. *Violencia es cobrar 600 euros. No hay pan para tanto chorizo. No nos representan. Democracia Real YA*. Con una primera acampada nocturna en la que no estuve (qué pereza, qué oportunidad perdida). Con la noticia de que habían desalojado la plaza y la vuelta al ruedo de nuestras esperanzas, que eran muchas. Con el virus de la dignidad contagiando otras ciudades, nunca vi tantas sonrisas juntas. Con aquel *smartphone* que compré justo a tiempo para tuitear por primera vez, cuando todo era nuevo y excitante. Con unas elecciones municipales en el horizonte y el aparato del Estado sumido en la confusión: el Gobierno, la Policía Nacional, la Junta Electoral, los grandes medios. Con los días y las noches al Sol.

Y por fin, un consenso de mínimos. Cuatro reivindicaciones que condensaban su desconcierto y nuestro descontento: la reforma electoral, la lucha contra la corrupción, la separación real de poderes y la creación de mecanismos de control ciudadano de la actividad política. Después vinieron otras marchas, otras lenguas, otras cargas policiales. Ocuppy Wall Street. #GlobalChange. Y unas elecciones generales. Y más de lo mismo. Y un rescate bancario. Y la portada aquella de «*Pain in Spain*», ¿se acuerdan? La del toro bravo con las banderillas clavadas y una S gigante cayendo sobre su cabeza. La sangre del animal era la nuestra. Y una huelga general. Y una pelota de goma reventando el ojo de Ester. Y las mareas de colores. Y los sábados rodeando el Congreso, búnker sordo de incompetencia.

En mi mente, la España posible empezó el domingo 15 de mayo de 2011, con la gente recuperando las calles, hablando de política en voz alta, exportando dignidad al resto del mundo. Esto es importante: nosotros, nosotras, el rabillo de los PIGS, acrónimo que la prensa anglosajona usaba para referirse a los países europeos más golpeados por la crisis (Portugal, Irlanda, Grecia y España), exportamos conciencia social y resistimos al embiste neoliberal sin lanzarnos en brazos de fantasías xenófobas. Pocos países europeos pueden decir lo mismo. No puedo presumir de una casualidad, y haber nacido en España lo es. Tampoco puedo felicitarme por vivir en un buen lugar, una democracia occidental, comparándolo con otros peores. Me parece frívolo: las miserias de otros no atenúan las nuestras. De lo que puedo estar orgullosa es de construir y compartir un despertar de cuarenta años de sueño y otros cuarenta de vergüenza, de coincidir en este momento histórico con personas que mejoran la vida del resto luchando por sus derechos: con esos hombres y mujeres que paran desahucios con su cuerpo, con quienes nos devuelven la memoria de las cunetas, con el feminismo más febril y transversal de nuestra historia. No me olvido de quienes, años atrás, marcaron a Europa el camino de las leyes LGTBI (ni del partido corrupto que trató de impedirlo, sin éxito, recurriendo al Tribunal Constitucional).

Aristóteles definía el movimiento como el paso de la *potencia* al *acto*. Es decir, de la posibilidad de ser algo al hecho de serlo, como la semilla que alberga en su interior el presagio de un árbol, y éste a su vez de una mesa o una escultura o un lápiz. Empecemos por abonar el terreno llamando a las cosas por su nombre: a la semilla, *semilla*; a los ladrones, *ladrones*; a las naciones, *naciones*; y a la patria, *nuestra*. A la palabra España le ha ocurrido lo que a los pañuelos de papel: que hemos terminado usando el nombre de una marca (Kleenex) y la hemos incluido en el diccionario como significante de una realidad más amplia, pañuelos desechables de papel de cualquier fabricante, color y textura. Lo mismo ocurre con típex y táper, porque resulta más fácil que decir «líquido corrector» o «recipiente con cierre hermético para guardar alimentos». Esta asimilación es el éxito definitivo del marketing comercial, como la asimilación de la España conservadora (marca registrada) con la España real (colores y texturas) es un logro de la dictadura y de las derechas que emanan de ella. Las palabras son los ladrillos de la civilización:*

* Alonso, Azahara, *Bajas presiones*, Trea, 2016.

tenemos que dejar de lanzárnoslas a la cabeza y fabricarlas con materiales distintos. Con pan, por ejemplo. Y con trabajo digno. Y con sanidad y educación públicas a prueba de buitres. Y con cinco mil trasplantes al año, ofrendas palpitantes de humanidad. Hay que hacer lo mismo con las banderas, que usamos con menos reparo cuanto más lejos estamos de España, como un *zoom* que se aparta de las costuras y nos revela la escena completa. Hay que coserlas con nuevos hilos, con estos de aquí, trae también los tuyos.

He mencionado la distancia y eso me lleva al libro que escribí junto con Noemí López Trujillo sobre la nueva migración económica española, *Volveremos. Memoria oral de los que se fueron durante la crisis* (2016). Las entrevistas tuvieron lugar durante el año sin Gobierno. En el último capítulo preguntábamos a los protagonistas, emigrantes de distintas edades y profesiones, si querían volver a «casa». Varios respondieron que no querían volver a la misma España de la que se habían ido. «No sólo por mí, no quiero que mis hijas consideren que *esa* España es una cosa *normal*», decía uno de ellos. ¿Los motivos? El paro galopante, la corrupción, la impunidad y la crisis institucional. Sin embargo, proyectaban nostalgia hacia el futuro: echaban de menos lo que podríamos haber sido, lo que podemos llegar a ser. Me imagino a los liberales españoles de principios del siglo XIX echando la vista atrás y preguntándose dónde podríamos haber llegado si Fernando VII no hubiese abolido una de las Constituciones más avanzadas de Europa para restablecer el absolutismo más cenutrio que hemos soportado.

Que no nos condenen al pasado. Que una Constitución a la altura de este tiempo nos traiga vientos propicios. Y la luz de los días que crecen, y el olor de un mes de mayo en Madrid.

Estefanía S. Vasconcellos (Salamanca, 1988) es periodista y especialista en comunicación política. Forma parte del Instituto 25 de Mayo para la Democracia (I25M), la fundación social y cultural de Podemos. Además, ha publicado en medios como *El Mundo*, *Jot Down* y *El Español*.

El camino hacia las libertades

Jorge Galindo

> *“Eso, ese pedazo de nuestra historia reciente que nadie sabe explicar demasiado bien (ni yo tampoco, claro) pero que todos ven, es lo que me gusta de España.”*

Veintidós de junio de 1981: España legalizaba el divorcio. Iba con retraso respecto a sus vecinos. Veinticuatro años después, hacía lo propio con el matrimonio entre personas del mismo sexo, convirtiéndose así en uno de los primeros países del mundo en tener una ley de matrimonio igualitario. El espacio que hay entre esos dos eventos es lo que me interesa (y me gusta) de España.

Sería incorrecto afirmar que España es un paraíso de libertad de igualdad social. No lo será mientras la brecha laboral y salarial entre hombres y mujeres tenga el tamaño que tiene hoy en día. O si no pagamos la deuda histórica que seguimos contrayendo día a día con el colectivo gitano. Por poner sólo dos ejemplos entre muchos. Y, sin embargo, es igualmente cierto que la integración de los inmigrantes en España está en niveles más que razonables, sobre todo al compararnos con (por ejemplo) Italia, Francia o Alemania. O que las encuestas internacionales muestran altos niveles de aceptación hacia la libre elección sexual en España. Tenemos, en definitiva, nuestros puntos fuertes y no tan fuertes. Pero lo que sí me parece claro es que no eran muchos los que, hace cuatro décadas, esperaban que recorriésemos semejante trecho en tan poco tiempo. De ser la penúltima dictadura de derechas de Europa, el país de los cuarenta años de nacionalcatolicismo precedidos por una historia que muchos veían como determinada por el poder de la jerarquía eclesiástica, a ser un miembro de pleno derecho de la comunidad occidental. Y no sólo (ni principalmente) en lo económico.

¿Cuáles fueron los motores en la travesía? Quienes defienden una versión materialista (y unidireccional) de la historia de los países intentarán responder a esta pregunta con el argumento del PIB per cápita: a medida que un país crece económicamente, y sobre todo si lo hace de la mano de una economía abierta y de mercado, se va instalando en el espacio la libertad de elección. Sin embargo, resulta difícil trazar esa relación en el caso español: los historiadores del siglo XX siguen manteniendo discusiones sobre qué fue primero, la apertura económica o la política. Porque el contraargumento a los economicistas es que las sociedades abiertas empiezan por serlo en la competición política (o al menos en el deseo de la misma). Sin necesidad de meternos en una disquisición teórica de alcance incierto, baste recordar el caso de Estados Unidos, donde una de las economías más ricas y competitivas del mundo viene de la mano de una sociedad de dos velocidades: una rápida y progresista, y otra lenta y reaccionaria.

En otro extremo del cuadrilátero de la discusión se sitúan los culturalistas: España (o al menos una parte de ella, representada sobre todo por las generaciones que lucharon por —primero— y crecieron en —después, los hijos de los luchadores— la democracia) habría generado una especie de animadversión contra el conservadurismo extremo tras cuarenta años de franquismo. Los más osados (y poco serios, la verdad) añaden referencias al «carácter» español abierto, extrovertido, despreocupado: lo normal, claro, es que no nos preocupe demasiado lo que hace el vecino y que favorezcamos la libertad. El caso portugués suele citarse en paralelo al nuestro. Sin embargo, ¿qué hay de Grecia? ¿Y de Italia? Ambos países podrían cumplir con el estereotipo de «nación mediterránea con gente cálida que ha superado un oscuro pasado reaccionario». Pero en ambos lugares los mensajes de restricción de libertades sociales han encontrado un buen mercado electoral. Como también lo ha hecho en ciertos lugares de España, mas no en otros.

El argumento de la sociedad civil vigilante y luchadora por la libertad sería primo hermano de la cuestión cultural, si no fuese porque en España las organizaciones civiles nunca han sido particularmente fuertes, ni se han podido mantener lo suficientemente lejos de los partidos y de las instituciones como para que sean un agente primario y creíble de cambio político. Además de que una sociedad civil poderosa e independiente puede funcionar en ambas direcciones, como demasiado bien saben en Estados Unidos, donde muchos de los principales agentes reaccionarios trabajan desde fuera de los cauces oficiales de la política. Los votantes y la sociedad en su conjunto, por demás, han dado muestras de adaptar sus preferencias al momento político sin demasiado problema. Por ejemplo: una encuesta realizada por Metroscopia en junio de 2005 mostraba que el matrimonio igualitario contaba con un 56 por ciento de apoyo. Diez años después, la misma casa obtenía cifras del 68 por ciento. En esa misma fecha (2015), el porcentaje de españoles que estaba de acuerdo con la adopción por parte de personas del mismo sexo estaba en torno al 74 por ciento. Dieciocho puntos más que en diciembre de 2010, sólo media década antes.

La lista de culpables se agota con los propios partidos y las instituciones. De hecho, un efecto secundario del modelo democrático español (que apostó por favorecer la creación de partidos fuertes para suavizar la transición desde la dictadura) ha sido la colonización de las segundas por parte de los primeros: PP y PSOE en España, la antigua CiU en Cataluña, el PNV en el País Vasco han penetrado los organismos estatales (y, con ellos, las organizaciones pretendidamente independientes de la sociedad civil) con significativa profundidad. La ruptura del sistema de partidos entre 2014 y 2016 puso fin a este equilibrio, pero durante la inmensa mayoría de la historia democrática de España el reinado político perteneció a una suerte de «partidos cartel», por utilizar la célebre expresión de Peter Mair.

El resultado fue que, si alguien quería favorecer el cambio social, más le valía hacerlo desde dentro de estas estructuras. Los «emprendedores políticos», personas con ideas innovadoras y ansias de modificar el *statu quo*, tenían que batirse el cobre en el seno de los partidos, y sacar adelante sus proyectos desde ahí. Pedro Zerolo fue un ejemplo paradigmático, pero no el único: decenas de personas en todos los frentes sociales se esforzaron por modificar los equilibrios establecidos. Muchos hijos del *baby boom*, primero en el PSOE por ser la formación más potencialmente acogedora a sus pretensiones, pero después diseminados por el resto de las formaciones dominantes, entendieron que a España se la cambiaba desde los partidos. Ahora, con la ruptura del sistema tradicional, estos emprendedores encuentran espacios en las nuevas formaciones, y las aprovechan con similar ahínco.

Pero, si ésta es la razón del avance social de España (una suerte de pelotón de valientes dispuestos a dar la batalla política por las libertades), ¿dónde quedaron los «emprendedores reaccionarios»? ¿Por qué no llegaron a ninguna parte? No hablo de los representantes del orden establecido, casi por definición conservadores: éstos eran el enemigo natural de los progresistas (de nuevo, en todos los partidos). Sino de personas con proyectos más que inmovilistas, regresivos. No pudo ser simple suerte que no llegasen demasiado lejos. Efectivamente, algo tenía que haber entre el conjunto de la ciudadanía. Un número lo suficientemente nutrido de personas interesadas en las libertades, en vivir en una sociedad abierta. Al principio, un núcleo de votantes quizá dubitativos. Después, una clara mayoría. Ni ellos, ni los que les llamaron a sus filas, rehuyeron el conflicto político. Tampoco desistieron ante el difícil parapeto estructural que se interponía en su camino. Decidieron entenderlo, y aprender a treparlo. Con un éxito que, si bien dista de ser completo, no es nada desdeñable.

Ahí están. Son los que lucharon por crear una oferta política cada vez más abierta, y quienes decidieron comprar dicha oferta. Eso, ese pedazo de nuestra historia reciente que nadie sabe explicar demasiado bien (ni yo tampoco, claro) pero que todos ven, es lo que me gusta de España. Esperemos que no sólo sea parte de nuestro pasado, sino que también nos acompañe en los días que nos quedan por vivir.

Jorge Galindo (Valencia, 1985) es sociólogo, máster en Políticas Públicas por la Erasmus University de Rotterdam y la Central European University. Es columnista en *El País* y colabora con frecuencia en otros medios, como *Jot Down Magazine* o *Letras Libres*. En 2010 fundó *Politikon* junto a otros politólogos, sociólogos, historiadores y economistas, uno de los espacios de referencia para el análisis político y social en España. También junto a ellos escribió los libros *La urna rota: la crisis política e institucional del modelo español* (2014) y *El muro invisible: las dificultades de ser joven en España* (2017).

España desenladrillada

Inés Calderón

“Las exportaciones baten récords año tras año y, además, las empresas españolas han entrado en mercados que habrían sido impensables hace unos años. BQ, una compañía nacida para hacer libros electrónicos que ha acabado triunfando en medio mundo con sus teléfonos móviles, es probablemente uno de los mejores ejemplos de nuestro cambio.”

Mi estreno como periodista de economía tuvo lugar el 26 de abril de 2004. Por entonces (cosas de estudiar en la Complutense), yo no sabía ni a qué hora abría la bolsa. En pocos meses, tampoco era muy difícil, me aprendí de carrerilla los 35 valores del Ibex y logré conocer todo tipo de estadísticas. Por ser la última en llegar, me tocó macroeconomía, lo más aburrido de la época, lo que se traducía en seguir a Pedro Solbes por doquier y esforzarme primero en entender su dicción y luego comprender de qué estaba hablando. A nadie le interesaban los impuestos, la reducción de la deuda, las agencias de *rating* o el superávit presupuestario. Por suerte, esos años luego me fueron muy útiles, pero ésa es otra historia.

Volvamos a 2004... Cuando el letárgico Solbes no ocupaba mis días, mi tarea era mucho más entretenida: los mercados. Gracias a ellos, conocí un mundo que habría fascinado hasta al menos aventurero. Era una época absolutamente arrebatadora: cada día había un rumor, una opa, una contraopa, una promesa de crecimiento, una salida a bolsa... Ni un minuto de tranquilidad. En los albores de internet, las empresas aún mandaban sus comunicados por fax y probablemente consumíamos bosques enteros cada día con sus cientos de noticias.

Íbamos a la bolsa sin descartar que apareciera una estrella de rock en el parqué. Nada extrañaba, habíamos visto azafatas medio desnudas, empresarios de medio pelo presumiendo de Rolex de medio millón de euros y hasta dibujos animados gigantes dando abrazos a los inversores. En esa España de entonces, loca por la rentabilidad, había tres convicciones: nada era demasiado caro, todo se podía pagar a crédito y la palabra *riesgo* no tenía ningún significado.

Por muchos años que pasen, nunca olvidaré la operación que mejor representó esa España: el culebrón de la opa de Gas Natural sobre Endesa. Todos prestábamos atención a la guerra política, a las rimbombantes declaraciones de Pizarro y ni siquiera nos inmutamos al ver cómo el precio de las acciones de la compañía opada prácticamente se duplicó en menos de año y medio, con varias cajas sacando tajada de por medio. Entonces, era lo normal, las acciones podían subir hasta el infinito y las cajas siempre estaban allí donde había un pelotazo. Google no es capaz de encontrar un titular que hable de ello... porque no los había. Y estos casos eran más la norma que la excepción.

Reyal pagó un precio desorbitado por Urbis, y Martinsa otra barbaridad por Fadesa. Años después acabaron yendo a la tumba por ello, como tantas otras compañías hundidas por su abultada deuda. Pero, en aquel momento, pagar un precio excesivo por lo que fuera no sólo no era penalizado, sino aplaudido por todos. Todo tenía que ser superlativo: el avión más grande del mundo, la urbanización más cara del mundo... Si no se exageraba, no se conseguían portadas.

Eso en los mercados, que en las cenas de empresa pasaba otro tanto. El más popular era siempre el que había logrado una hipoteca a un plazo mayor, aunque acabase de pagar su vivienda a los ochenta y cinco años. O el que se había comprado un coche más potente, pasaba la Nochevieja en Gstaad, había hecho un safari por África en vacaciones y tenía una chimenea de mármol pagada a crédito en su salón. La clase media se creyó, con ayuda de la banca, que todo eso era lo normal. El precio era orientativo, todo se podía pagar, previa visita al banco.

Claro, que todo ayudaba. Las advertencias que llegaban de los organismos internacionales no podían ser menos severas y en el interior a nadie le interesaba frenar la escalada. Hasta un ministerio ofrecía una rentabilidad casi pornográfica del 7 por ciento por instalar renovables a cambio de nada. Incluso el más torpe para los negocios podía tener un sueldo Nescafé con facilidad con un poco de terreno. Y el que había ahorrado compraba pisos sobre plano para venderlos un año después por un 10 por ciento más. Lo difícil era decir que no. En esa España hasta escandalizaba que la venta de sellos fuera una estafa piramidal, pero no porque hubiera gente que se metiera en inversiones tan oscuras, sino porque era la muestra de aquello que nadie quería ver, que el beneficio no siempre tiende al infinito.

En un contexto así, ¿alguien se imagina a un trabajador diciéndole a su jefe que no le suba el sueldo por si se recalienta la economía? ¿O a un propietario anunciando a su inquilino que le va a bajar el alquiler para evitar un efecto contagio? Extraño, ¿no? Pues a los ministros les pasaba lo mismo. Si la economía se recalentaba, mejor. Ya le tocaría a otro lidiar con el toro si la burbuja explotaba. Mientras el ladrillo sostuviera al sistema fiscal, y lo hacía con holgura, todas las medidas políticas salían gratis.

¿Quién se iba a resistir? Si los ciudadanos pagaban a crédito hasta las operaciones de estética, ¿cómo pedir a los alcaldes que redujesen la deuda municipal y no pusieran adefesios en las rotondas? Y eso los honrados, que lo más espabilados aprovecharon para desfalcar vía comisiones las arcas municipales.

Era la España enladrillada y nadie estaba dispuesto a desenladrillarla. A ver quién era el guapo que en ese contexto se iba a poner a tomar medidas y frenar ese optimismo que había llevado al mismísimo presidente del Gobierno a presumir de disputar la Champions League de la economía. Pero esto explotó, de golpe, en un momento trágico: entre unas elecciones municipales y otras generales, y el batacazo fue de proporciones siderales.

A la España actual le ha costado diez años recuperar el producto interior bruto de entonces y hay algunos indicadores a los que aún les costará unos años. Ha sido una travesía en el desierto durísima, sobre todo desde el punto de vista social. Las consecuencias tardarán años en dejar de notarse y no sólo son económicas. Hay consecuencias psicológicas graves para quienes han estado fuera del mercado laboral durante años, buena parte de una generación que se ha quedado sin tener hijos por no tener cómo mantenerlos, y la desigualdad es hoy mayor que antes. Socialmente, los índices de pobreza siguen cerca de sus máximos históricos y generacionalmente los jóvenes han visto cómo los salarios de entrada al mercado laboral han caído más de un 14 por ciento,* mientras las rentas de los mayores de sesenta y cinco se mantenían e, incluso, crecían. Gestionar esas desigualdades es el gran reto para la consolidación de la recuperación.

Pero, aunque estas consecuencias durarán, es innegable que la recuperación de la economía ha traído una oleada de ilusión y mejor que la que había antes de la crisis, un optimismo más «crítico». Ya nadie se sienta a la mesa de la cena de empresa para presumir de pagar las vacaciones a crédito, de estar hipotecado a cien años o de haber comprado la vivienda más cara del edificio. Incluso el que admite ir a Torremolinos en lugar de a Sotogrande no queda excluido de las conversaciones. La clase media ha vuelto a la media, a lo que puede afrontar sin endeudarse.

Mientras, la economía se ha vuelto eso que los analistas califican de más equilibrada, es decir, ha recuperado el nivel previo a la crisis a pesar de que el ladrillo aporta poco más de la mitad de lo que lo hacía entonces y de que el gasto tanto público como privado todavía aporta menos que entonces. Por culpa de la crisis, las empresas españolas tuvieron que abrirse al exterior y han demostrado que pueden competir con cualquiera.

Las exportaciones baten récords año tras año y, además, las empresas españolas han entrado en mercados que habrían sido impensables hace unos años. BQ, una compañía nacida para hacer libros electrónicos que ha acabado triunfando en medio mundo con sus teléfonos móviles, es probablemente uno de los mejores ejemplos de nuestro cambio. Antes, la única forma que conocíamos de conquistar otros mercados era sacar el talonario para convencer al mandamás de turno, ahora sabemos competir cara a cara con empresas punteras.

* Daniel Fernández Kranz, «Los salarios en la recuperación española», *Cuadernos de Información Económica*, nº 260, septiembre de 2017.

Y el sector exterior no está solo. También el turismo se ha convertido en un puntal económico. Hace años, pensar en 82 millones de visitantes extranjeros habría sido una exageración y hoy pensamos en alcanzar un nuevo récord en este 2018. Es cierto que el entorno ha ayudado (la inestabilidad del norte de África, Airbnb y aplicaciones similares, y las aerolíneas *low cost* han sido claves), pero, si sabemos descongestionar algunas zonas y atraer turistas de alto poder adquisitivo e interesados por la cultura, el futuro es alentador.

En cuanto a los hogares también nos hemos vuelto más «equilibrados», probablemente porque tardaremos años en olvidar el recuerdo de la crisis. Un ejemplo: los coches. En 2007 en España se vendieron 119 Ferrari y 7.487 Dacia; en 2017 fueron 52 Ferrari y casi 47.000 Dacia. La España del Sandero vence de momento a la España del Cayenne. Las casas para millonarios las compran millonarios y los créditos al consumo siguen a años luz de los años del *boom*. Seguramente, y aunque hayamos pagado un precio muy alto por ello, lo mejor que ha tenido la crisis es hacernos abrir los ojos, saber que los límites existen y que, siempre que hay una rentabilidad, hay un riesgo.

También nuestros políticos han aprendido algo. Ahora saben que es difícil que una ocurrencia pase desapercibida sin más: a cada iniciativa le sigue un debate, seguramente no tan reposado como sería deseable, pero debate al fin y al cabo, y eso siempre es positivo. Ya nadie tiene las manos libres para aprobar lo que sea, algo a lo que también ayuda el fin de las mayorías absolutas. Los reguladores siguen funcionando regular (perdón por el juego de palabras), pero ahora su misión también es escrutada por todos y los errores se señalan.

Hasta el Gobierno se ha visto obligado a crear dos «Pepitos Grillo» que, sin ser perfectos, le dan sustos de vez en cuando: la Autoridad Independiente de Responsabilidad Fiscal, que analiza los presupuestos con mucho más ojo crítico del esperado, y el Consejo de Transparencia, que exige información de parte de los ciudadanos con más empeño que eficacia muchas veces. Si alguien hubiera propuesto su creación hace diez años, habría sido llevado directamente al psiquiátrico.

Y ahora no sólo existe el miedo a ser señalado por los reguladores, sino que también los ciudadanos anónimos se han convertido en chivatos, esa palabra que en castellano tiene un significado mucho más negativo que el *whistleblower* anglosajón, pero que tanto ha ayudado a destapar diversas tramas corruptas que antes seguramente habrían quedado ocultas por algún maletín.

Vivir en la España desenladrillada es menos divertido, pero más sensato. Hay muchos retos por delante: el envejecimiento de la población, la bajísima natalidad, el sistema educativo, el empleo de calidad, el mercado de alquiler a precios razonables... Pero la buena noticia es que, incluso sin reformas de calado, lo peor ha pasado. ¿Nos servirá para estar preparados en la próxima crisis? Está en nuestras manos.

Inés Calderón (Valladolid, 1981) es licenciada en Ciencias de la Información por la Universidad Complutense y en Ciencias Políticas por la UNED. Lleva más de diez años tratando temas de información bursátil y macroeconómica en varios medios de comunicación. Desde 2014, trabaja en el programa *El Objetivo* de Ana Pastor elaborando reportajes relacionados con el dinero público y la transparencia y es colaboradora del diario *El Economista*.

Las letras hispánicas, más allá de la realidad

Carlos Mayoral

> *“Decía Ortega que sentía terrible congoja oyendo hablar de España a los españoles. Yo me atrevo a decir que la literatura hispánica cumple con el papel de hablar de la España sobre la que no son capaces de hablar los españoles.”*

Todavía rebotaban ese «españoles» mortuorio, esos cinco segundos de pausa sobre la coma del vocativo, y ese «Franco ha muerto» tan agotador contra los televisores de media España cuando la Academia Sueca decidió entregarle el Nobel de Literatura a Vicente Aleixandre (1977). Entre las muchas cosas que supuso el premio, no fue la menos importante el concepto de unión que se quiso proyectar sobre la figura de uno de los escritores que más ayudó a cicatrizar rencillas en tiempos de vencedores y vencidos. Las letras hispánicas intentaban lamerse las heridas después de cuarenta años sobreviviendo a la deriva y Suecia certificaba que el foco no las abandonaba después de todo. A partir de entonces, cuatro premios más (me atrevo a incluir junto con Cela al Gabo, a Vargas Llosa y, con más reservas, a Octavio Paz, todos macerados en España), y cero en cualquiera de las otras disciplinas. Así que borrón y cuenta nueva. Aleixandre había tendido el puente, pero, más allá de estos reconocimientos, ¿qué? Nuestras letras miraban atrás para poder dar un paso adelante.

Desde el 98, el valor regeneracionista de la literatura española es intermitente. Aquella generación, junto con sus epígonos del 14 (de vez en cuando amigos, las más de las veces enemigos), marcó el tono reivindicativo de una sociedad, la que pobló la España del XX y poblará la del XXI, tendente a veces al inmovilismo. El motor intelectual que principalmente Unamuno y Ortega, respectivos adelantados a cada generación, supusieron para la corriente crítica un antes y un después dentro de la, por otro lado, escasa actitud rehabilitadora que habían mostrado nuestras letras en el último XIX. Ya flotaba en el ambiente el concepto, ahora faltaba la estética, que se encargaron de renovar con acierto Juan Ramón Jiménez (un Nobel estético, como no podía ser de otra manera) y Antonio Machado desde sus cimientos modernistas, aupados más tarde por el 27. Justo en ese instante, cuando creíamos encontrar de nuevo una segunda edad de oro, estalló la guerra y se hizo el gris. Cuando, cuarenta años de dictadura después, la historia de España volvió a los primeros renglones de este texto, la literatura hispánica había sumado a su naturaleza reflexiva y a su afán reivindicativo de principios del XX una capacidad notable para esquivar los últimos rescoldos de una censura infame. Así llegó la democracia, el aperturismo y el Nobel para Aleixandre.

Pero permitan que subraye un término que ha aparecido ya en este discurso: *intermitente*. A medida que uno va buceando por los distintos recovecos de la literatura hispánica, va empapándose de una extraña sensación de adelanto con respecto al resto de los movimientos literarios introspectivos, una mayor capacidad de reacción interior ante los estímulos exteriores. Fijémonos así en el Romanticismo, por ejemplo. Siglo XIX, surge esta reacción artística de alma mayoritariamente germánica que aboga por olvidar el esquema clásico, así como todo aquello que un día pasó por honrado. De este modo emergen a la superficie personajes otrora marginados que de pronto se rebelan contra la escala de valores dominante y hacen arte de su necesidad y melancolía de su idealismo. Sin embargo, ¿acaso no era ya romántica aquella *Celestina* que hacía de la trotaconventos y el embustero, de la puta y el golfo, columna vertebral de una de las obras renacentistas de mayor enjundia? U observemos con el mismo detenimiento ese movimiento existencialista que ya en el siglo XX convirtió al individuo en el centro de la escena, obviando destinos preconcebidos y esencias absurdas de la mano de Sartre o

Heidegger. Muy bien, pero ¿acaso no era ya existencialista aquel Segismundo que tres siglos antes ya olvidaba su marginación entre la vida y el sueño luchando por un destino propio? Es decir, nuestras letras siempre han gozado de ese presentimiento que cualquier movimiento literario convierte en dogma, ha explorado la mente humana y el contexto que la predetermina. Por eso, cualquier elemento histórico, analizado desde un punto de vista sincrónico, tiene su eco en nuestra literatura no sólo con carácter descriptivo (ocurrió esto y esto y esto), sino también con carácter espiritualmente analítico (influyó así en el ánimo de este o aquel héroe literario). Aquí está el quid de la cuestión: pareciera que la historia de este país viviese más entre las páginas de sus libros que entre sus líneas cronológicas. O, al menos, a los que nos empeñamos en mirar atrás nos sigue pareciendo más fiel el *Trafalgar* de Galdós que la leyenda negra de los libros de texto sobre la Armada española, o nos resultan más rigurosos los párrafos sobre la sociedad renacentista del *Lazarillo* que una tesis pidaliana de principios del siglo XX al respecto. No es cuestión baladí que en la cultura popular tengan más resonancia los grandes personajes de la literatura hispana que los gloriosos héroes que nos dejó la historia. No es casualidad que la cultura popular reconozca antes Fuenteovejuna que Lepanto, como no es casualidad que reconozca a José Zorrilla antes que a Álvaro de Bazán, a Ramón María del Valle-Inclán antes que a Blas de Lezo o a Góngora antes que a Jorge Juan. Y si alguno de estos grandes personajes de nuestra historia pervive hoy con fuerza es, seguro, por el eco que la literatura hace sonar en nuestras cabezas, véanse casos como los de El Cid o los de Daoiz y Velarde.

Y esto a pesar de las dificultades. Porque no resulta fácil remar y remar sin naufragar en este país de naturaleza cainita que busca, por ejemplo con estas páginas que ahora sujeta el lector, encontrar a su Abel íbero y escapar a las trabas que han planeado siempre sobre la página en blanco. Había escapado por ejemplo Aleixandre, el hombre al que vuelven una y otra vez estos renglones, junto con sus contemporáneos con el arma implacable de la ironía. Pero del 1975 hasta hoy, con una censura tan poderosa como la franquista (más aun, dada su invisibilidad), la literatura sigue recreándose en su papel de protesta, de agitación, de retrato de los males que debe sofocar el país si quiere salvar el inevitable riesgo de quema. Decía Ortega que sentía terrible congoja oyendo hablar de España a los españoles. Yo me atrevo a decir que la literatura hispánica cumple con el papel de hablar de la España sobre la que no son capaces de hablar los españoles.

Éste es el principal activo de nuestras letras: siguen reflejando y analizando la realidad mejor que la realidad misma. Continuando con la tradición cervantina (¿qué es la literatura sino apuntes a pie de página del *Quijote*?), los novelistas, poetas, ensayistas y dramaturgos más allá del 1975 se acercan a la piel arañada de la España moderna sujetando la lupa del arte, diseccionando sus problemas con mayor limpieza que cualquier discurso político, cualquier libro de historia, cualquier tratado demográfico o sociológico. Nadie como el eterno caballero andante narró la caída de un imperio idealista, del mismo modo que nadie como Larra glosó la inestabilidad del siglo XIX, o nadie como Cela retrató la oscuridad de la posguerra en el sglo XX. La España que se levanta a este lado de la Transición no se queda atrás: los mejores testimonios de la corrupción política, del imperio de la droga, del conflicto con ETA, de la desertización de la meseta, del auge del feminismo o de la crisis económica están en la literatura.

Ahora bien, esa misma literatura de hoy coloca sus dos pies frente a una encrucijada peligrosa: por primera vez en siglos, huele negocio. El mecenas, habitual sustento de los autores a lo largo de la historia, basaba su relación con el artista en una cuestión de prestigio. Es decir, la manutención del autor dependía exclusivamente de su buen hacer literario. Era una marca de distinción para la nobleza sustentadora. Sin embargo, de un tiempo a esta parte las reglas del juego han cambiado, y ahora el sostén del autor depende de parámetros inimaginables décadas atrás: imagen física, opinión política, comportamiento moral, apariciones televisivas, etc. Es importante que el motor de las páginas todavía por publicar sepa que, más allá de las novelas de autoayuda plagadas de renglones ripiosos y más allá de esa poesía cuyo único propósito es hacerle creer al lector que todo el mundo puede ser poeta, sigue la verdadera esencia de nuestra literatura, ésa a la que nos referíamos párrafos atrás: hacer de la ficción el testimonio más duradero de la realidad.

Entre el año 1977, con el que da comienzo este texto, y la actualidad, con la que se cierra el último párrafo, vuelve a cincelarse la figura de la literatura hispánica como potencia cultural universal. Durante el discurso de entrega del Nobel, Aleixandre dejó para el recuerdo una frase: «La poesía es un diálogo en que el poeta interroga y el lector da su respuesta». Es la prueba de cómo este país quedará para siempre reflejado en ese interrogatorio interior que es la literatura. Al fin y al cabo, ¿qué es España sino una búsqueda incesante de respuestas?

Carlos Mayoral (Madrid, 1986) es escritor y filólogo. Aparece asiduamente en cabeceras como *El Español* y *The Objective* o en la revista cultural *Jot Down Magazine*. Hasta la fecha, ha publicado dos libros: *Etílico* (2016, Libros.com) y *Empiezo a creer que es mentira* (2017, Círculo de Tiza).

El Peine del viento

Aintzane Conesa

"Cada nación se burla de las otras y todas tienen razón."

ARTHUR SCHOPENHAUER

El *Peine del viento*, obra icónica de Eduardo Chillida, sigue silbando en mis recuerdos de infancia. Enfundada en un vestido de crochet blanco, con un globo en una mano y un barquillo hecho pedazos en la otra, a ratos colgada de la *amuña*, a ratos del *aitona*, con un prominente pañal a cuestas. Cruzando La Zurriola, bordeando La Concha. Siempre preferí la playa de Ondarreta para el baño, a pesar de las algas salteadas de medusas inertes, ahogadas en la orilla; a pesar de las piedras, algunas redondas, otras con aristas, que en ocasiones rasgaban mis pies y los dejaban doloridos. La escultura de Chillida se erigía en el fondo, a pesar del oleaje irreverente, a pesar de la pleamar, que habitualmente nos jugaba malas pasadas. Íbamos corriendo las toallas, como el general que manda a su infantería retrasar la línea, hasta que no quedaba otra que batirnos en retirada. «*Goazen hemendik, maitia*», advertía mi abuela, y yo, que no entendía euskera, sabía que había llegado la hora de ir a Pasaia, pueblo de *arrantzales* y *txalupas* donde vivía mi familia. De vez en cuando, al llegar a la marquesina, nos informaban de que se retrasaba la salida. ¿Por qué? Disturbios. Habían desalojado el autobús y le habían prendido fuego. ¿Quién? Nunca pregunté. Nadie se alteraba, todo se vivía con normalidad. Si no cogíamos el de las 19:30, pues cogíamos el de las 19:40 y en la corta espera me compraban un cucurucho de chocolate en la heladería de los italianos, la mejor de Donosti.

Y pasaron los años y crecí y fui muy feliz. Y en la cuadrilla comentaban: «¿Ya ha venido "la catalana"?». «Pero ¡si Aintzane es más de aquí que de allá!» Asentía con una tímida sonrisa y lo aceptaba de buen grado porque para mí era todo un cumplido. Y entonces mi abuelo, orgulloso, me llevaba a la cantina y yo salía cargada con bolsas de pipas dispuesta a cruzar el estuario con la barca lanzadera que nos transportaba al pueblo de enfrente, Pasai Donibane. Creo que fue precisamente allá donde yo empecé a preguntar a mi madre: «*Ama*, ¿qué significa "*Euskal presoak euskal herrira*"?». Y así fue como descubrí la diferencia entre *arrantzale* («pescador») y *abertzale* («patriota»), palabras cuyo parecido fonético me inducía a confusión cuando era niña. Viví incluso alguna carrera del brazo de mi tío por la Parte Vieja entre *pintxo* y *pintxo*. Los Beltzas —antidisturbios de la Ertzaintza— disolvían una manifestación ilegal.

En el verano de 1999, todo cambió. Como telón de fondo, el colofón de la guerra de los Balcanes. Limpieza étnica, Europa impotente y desolada. Me enzarcé en un exordio sobre nacionalismos con apenas dieciséis años. Leí a Fernando Savater —*Contra las patrias*— y, entre líneas, me sorprendió Schopenhauer: «Cada nación se burla de las otras y todas tienen razón». Busqué los contrastes. Quise conocer a María San Gil (PP) y a Begoña Lasagabaster (Eusko Alkartasuna). Con ellas hablé sobre la Declaración de Lizarra y la tregua unilateral e indefinida que finalizaría justamente aquel mes de agosto. Mi primera politización fue, así, en diálogo, nunca fácil, con el nacionalismo que marcaba la divisoria política en la tierra de mi madre, el País Vasco.

En Cataluña, donde yo nací, el pujolismo daba los primeros signos de agotamiento. En las elecciones al Parlamento autonómico de 1999 vencía el PSC —en votos, no en escaños—. Parte del electorado convergente no había perdonado el Pacto del Majestic, una suerte de cambio de cromos entre el Partido Popular y CiU para facilitar la gobernabilidad aquí y allí. El nacionalismo

—mal llamado «moderado»— siempre presto para el *peix al cove*. Me embarqué en el sueño maragalliano: *«23 anys de govern de CiU i encara no tenim ni l'escola, ni la sanitat, ni l'autogovern, ni l'habitatge, ni la política de família que necessitem»*. Recuerdo el póster que los socialistas editaron en aquella época. Un querubín bostezando de aburrimiento. La victoria estaba cerca.

Mis dos tierras se entrelazaron trágicamente un año más tarde. La banda terrorista ETA asesinaba a Ernest Lluch. Acudí con mis padres a la multitudinaria manifestación. Un millón de personas. Rompí a llorar. Repasando las crónicas periodísticas de aquel día, refresco mi memoria, algo quebrada. Dos cabeceras. La periodista Gemma Nierga leyó el manifiesto unitario: rememoraba el discurso de Ernest Lluch en junio de 1999, en plena tregua, en la plaza de la Constitución de Donostia:

> Qué alegría llegar a esta plaza y ver que los que ahora gritan antes mataban y ahora no matan. No saben que han cambiado las cosas, no saben que han llegado la libertad y la democracia a este país. No se enteran. ¡Gritad más, que gritáis poco! ¡Gritad, porque, mientras gritéis, no mataréis! ¡Y es buena señal, porque éstas son las primeras elecciones en las que no va a ser asesinado nadie y éste es un mensaje de alegría para este país que hemos ganado a pulso!

Pero las cosas no habían cambiado tanto todavía, o tardarían en cambiar todavía. ETA siguió matando. Yo volvía cada verano a Pasaia, a Donosti. Mis abuelos cerraban a cal y canto las ventanas de la cocina, que daban a un inmenso patio, para que no trascendieran las conversaciones que manteníamos casi susurrando. Teníamos muy presente a todas las víctimas, pero especialmente a Miguel Ángel Blanco y Gregorio Ordóñez —su viuda era compañera de trabajo de mi tía—. Mi padre insistía: «Por favor, ¡hablad bajo! Y no comentéis que la niña está en política».

Era verdad. La política ya era mi vida. Primero como concejal del PSC en Sant Cugat del Vallés, en la provincia de Barcelona. Desde allí viví el primer tripartito. Maragall logró el apoyo de los independentistas de ERC y los ecosocialistas. A aquella primera legislatura se la bautizó como el «Dragon Khan», la montaña rusa de Port Aventura. Hubo muchos sobresaltos y un calvario: la elaboración de un nuevo Estatuto de Autonomía. Se puso a prueba la bandera que enarboló Maragall durante tanto tiempo, el federalismo asimétrico. El *president* perdió el control sobre el proceso, dio cancha al Institut d'Estudis Autonòmics y permitió que se apeara del tren el Partido Popular. CiU y ERC entraron en una puja sinsentido que desbordaría el marco constitucional. El presidente Zapatero había dicho: «Apoyaré el Estatuto que apruebe el Parlamento catalán». Error sobre error.

Nunca imaginé que después sería espectadora privilegiada del segundo Gobierno tripartito. Recuerdo haber recibido una llamada de un profesor de la universidad donde estudié la carrera de Ciencias Políticas. Me informó de que estaban configurando el gabinete de presidencia de la Generalitat y me preguntó si me interesaría optar a un puesto de asesora. Acepté. De aquellos barros, estos lodos. El 10 de julio de 2010 arrancaba el proceso con la manifestación «*Som una nació, nosaltres decidim*». ¿Fue una protesta contra la sentencia del Estatut? El *president* Montilla, en un intento de encabezarla, salió por la puerta de atrás, escoltado. Muchos compañeros de gabinete nos sentimos extraños, ajenos a aquel gentío, a aquella pancarta.

Pocos meses más tarde, uno de mis jefes me planteó la posibilidad de ir a trabajar a la Lehendakaritza. El Partido Popular y el Partido Socialista Vasco habían llegado a un acuerdo de investidura para acabar definitivamente con ETA. Yo, no sé si por lealtad o por cansancio, rechacé esa posibilidad: «No, me quedo hasta el final». Y me quedé y viví la derrota y el auge del proceso cansino, que parece no tener fin. Y asisto atónita, como tantos catalanes y catalanas, a los interminables debates que creíamos ya superados. Sin ley, no hay democracia.

Me apagué poco a poco hasta que hui a Madrid. Es en el centro donde inicio una reflexión pausada sobre el relato de mi familia, que es el mío propio. Aquí, en la capital, cuando me preguntan de dónde soy, es difícil responder. Mi abuelo paterno, murciano, se casó con mi abuela, andaluza, de Huelva, y tuvieron a mi padre en Lugo. Decidieron finalmente trasladarse a Barcelona, donde mi progenitor creció feliz, en la calle del Call, a dos minutos de Plaça Sant Jaume. En la rama materna, hay algún tirabuzón curioso. Mi bisabuelo, militar riojano, fue destinado al País Vasco. Al conocer a mi bisabuela Carmen, se enamoraron y decidieron unirse a pesar de la oposición del clan de los Makazaga, *euskaldun* de pura cepa. Se referían a él de forma despectiva como *belarrimotza*, charnego, maketo. Décadas más tarde, mi madre conocería a mi padre de vacaciones en Briones, a media hora de Logroño, y emprendería un camino sin retorno a Cataluña. ¿De dónde soy? Ahora, de Madrid. ¿Mañana? Quién sabe.

En diciembre de 2017, volví a Cataluña para participar en la campaña electoral de las autonómicas. Esta vez sí conseguimos derrotarlos en las urnas —en votos y en escaños—. «*Ara sí*», decía la candidata. Y es justamente en este 2017 que celebramos el 40 aniversario del *Peine del viento*, que a mí siempre me gustó llamar en plural, el peine de los vientos, porque los vientos son muchos y vienen de muchos sitios. María Elósegui Itxaso, hija del ingeniero que dirigió el complicadísimo proceso para hacer realidad el sueño de Chillida, reflexiona en el *Diario Vasco* sobre el proyecto escultórico: «El ciudadano ve las esculturas y parece que se colocaron sin problemas, o que las rocas que las sustentan se instalaron para ello. Esas rocas llevan ahí desde siempre y anclar las esculturas en unos puntos tan lejanos supuso un desafío de ingeniería para el que mi padre tuvo que poner mucha matemática, pero también intuición. —Y apostilla—: «Fueron desafíos artísticos, técnicos y ciudadanos que nos enseñan la importancia del trabajo en equipo y cómo afrontar retos colectivos».

Y sí, ahí está la grandeza de esta obra, ni la más virulenta galerna puede derrocarla. Es un mensaje de resistencia al que de forma recurrente vuelve mi mente para abrazar mi infancia y encontrar la fortaleza necesaria para continuar, siempre.

Aintzane Conesa (Barcelona, 1982) es politóloga. Tiene un máster en Comunicación, Periodismo y Humanidades. Fue concejal en el Ayuntamiento de San Cugat del Vallés por el PSC (2003-2008) y asesora en el Gabinete de Presidencia de la Generalitat de Catalunya (2007-2010). Actualmente trabaja en Llorente & Cuenca.

Una banca en la élite europea

Nico Menéndez Sarriés

"Es cierto: los escándalos, los ajustes y los riesgos están minando y deteriorando, siquiera parcialmente, una realidad que, todavía hoy, muestra cómo el sector bancario español es uno de los más desarrollados y avanzados del mundo."

A juzgar por la última década, diríase que la historia de la banca española es una historia sobre el (des)crédito. Los rescates con dinero público, la masiva comercialización de participaciones preferentes y deuda subordinada entre clientes con pocos o nulos conocimientos financieros, las ruinosas salidas a bolsa y ampliaciones de capital de Bankia y Banco Popular, la colocación sistemática de cláusulas suelo* poco transparentes en las hipotecas, las prejubilaciones y los blindajes millonarios, la politización de las cúpulas de las cajas de ahorros, los desahucios... el sector financiero español (bancos y cajas, sobre todo) ha protagonizado durante los últimos diez años un sinfín de escándalos que han situado su prestigio y su reconocimiento sociales en mínimos.

España arrastra desde hace una década los perjuicios y las secuelas de la mayor crisis económica sufrida desde la guerra civil. Una crisis que tuvo su epicentro en el sector financiero (ban-

* Las cláusulas suelo son aquellas que limitan la bajada de los tipos de interés, de forma que la caída a partir de un determinado umbral ya no redunda en una cuota hipotecaria más barata. La justicia europea determinó en 2014 que una parte sustancial de las cláusulas suelo comercializadas por la banca española eran opacas y, por lo tanto, se habían colocado de forma abusiva.

cos y, sobre todo, cajas), que durante tres lustros se dedicó a crecer de manera desmedida cabalgando y alimentando una burbuja inmobiliaria que todavía en 2018 no se ha acabado de digerir. La entrada en el euro a finales del siglo pasado supuso para la economía española la llegada de tipos de interés históricamente bajos, que sirvieron como combustible para alimentar una caldera que operó a toda máquina durante más de una década. En su informe sobre la crisis presentado en 2017, el Banco de España puso cifras a la borrachera: el endeudamiento de familias y empresas pasó de un 94 por ciento respecto del producto interior bruto en 2000 a superar el 191 por ciento a finales de 2007. Esta financiación se concentró sobre todo en los sectores inmobiliario y de la construcción, que a su vez arrastraron al resto de la economía cuando tocaron techo y comenzaron a caer.

La resaca de esta enorme orgía de crédito y ladrillo ha tenido efectos muy perceptibles en la sociedad y la economía españolas: el número de entidades financieras se ha reducido drásticamente por mor de un proceso de consolidación (bancos que absorbían otros bancos) que parece inacabable. Frente a los cincuenta y cinco grupos bancarios existentes en España a finales de 2008, ahora compiten apenas una docena. Esta concentración vivida por el sector no se ha recorrido sin pagar peajes evidentes: el número de oficinas se ha reducido en más de un tercio (quedan unas 29.000) y el número de empleados ha caído en más de 84.000 personas, según cifras del Fondo Monetario Internacional correspondientes a 2017. La cada vez mayor digitalización de las finanzas (¿cuándo fue la última vez que acudió a su sucursal para realizar una operación simple?) hace ver como inevitable un progresivo cierre de oficinas de cara al futuro.

El efecto combinado del ajuste de capacidad y del proceso de consolidación del sector, más allá de las ventajas en ahorros de costes y en sinergias para las entidades, supone un riesgo potencial para la ciudadanía en su conjunto, especialmente para aquellos más vulnerables. La relativa menor competencia puede encarecer el acceso al crédito o elevar los costes vía comisiones, provocando un efecto de exclusión sobre aquellos con menos recursos. Además, el cierre masivo de sucursales ha tenido efectos especialmente negativos en zonas rurales o poco pobladas: un millón de españoles viven en pueblos y localidades en los que ya no hay ninguna oficina bancaria, según un estudio elaborado por el profesor Joaquín Maudos, investigador del Instituto Valenciano de Investigaciones Económicas (IVIE).

Hasta aquí lo negativo.

Es cierto: los escándalos, los ajustes y los riesgos están minando y deteriorando, siquiera parcialmente, una realidad que, todavía hoy, muestra cómo el sector bancario español es uno de los más desarrollados y avanzados del mundo. Estos años se ha perdido parte de lo avanzado, pero España sigue siendo uno de los países en los que mejor funciona su sistema financiero. Los usuarios damos muchas cosas por sentadas que, para cualquiera que haya vivido en otro país o haya tenido que lidiar con bancos en el extranjero, en ningún caso tienen por qué serlo. Hemos tenido y tenemos buenos bancos, muy buenos, dentro de un sistema financiero comparativamente robusto que nos ha permitido acceder a una cantidad enorme de servicios y productos, poco frecuentes no ya en el mundo en general, sino incluso entre los países desarrollados.

Las cifras lo dejan claro: En España, el 94 por ciento de los adultos tienen una cuenta corriente abierta en una entidad financiera, lo que sitúa al país entre los más desarrollados en este aspecto, a la altura de Francia e Italia y por delante de Estados Unidos, entre otros, según un informe de 2017 elaborado por el Banco Mundial. Parte de estas ventajas comparativas nunca hubieran sido posibles sin la labor mantenida durante décadas por parte de las cajas de ahorros, ahora ya sumidas en una práctica irrelevancia. Aquellas entidades financieras, que no se guiaban por el ánimo de lucro y eran de toda la ciudadanía, cumplieron durante siglos un papel clave fomentando la inclusión financiera y aportando financiación y servicios bancarios esenciales a capas menos favorecidas de la sociedad. Con las cajas ya desaparecidas en su mayoría, desde el sector bancario esperan que la generalización de la banca digital y futuras colaboraciones entre entidades privadas puedan suplir al menos en parte la labor que hacían estas instituciones para luchar contra la exclusión.

Hablar de inclusión financiera puede sonar abstracto. Más allá de abrir una cuenta o de disponer de una oficina a la que ir a actualizar la libreta de ahorro, la plasmación más real y perceptible del concepto puede darse en el acceso al crédito. El negocio bancario es el de la transformación de plazos (tomar a corto para prestar a largo) y para ello es imprescindible, fundamental, confiar en el futuro de la economía de un país en el medio y largo plazo. Conceder financiación es una forma de apostar por el futuro, y pocas formas más evidentes hay de esta apuesta que conceder préstamos hipotecarios a treinta o cuarenta años. Para los bancos han sido un gran negocio y está claro que no los han concedido por amor al prójimo, pero, sin una mínima confianza en la prosperidad de un país, el acceso al crédito se complica. Y la banca española ha dado muchas hipotecas. Muchas. Tantas como que alrededor del 80 por ciento de los hogares residen en viviendas de su propiedad (o que están en proceso de adquirir). Este porcentaje se ha visto reducido por la crisis, que ha obligado a miles de familias a dejar de pagar sus préstamos y a desistir de su plan de comprar una vivienda, pero España sigue situándose entre los países en los que está más extendido vivir en un piso en propiedad.

Obviamente, la sociedad no es ahora como lo era en el pasado. Los servicios bancarios se han generalizado por todo el mundo y, como demuestra la experiencia, los bancos españoles se encuentran entre los mejores y más competitivos a nivel internacional. España, cuarta economía de la zona euro, cuenta con el mayor banco, Santander, merced a su proceso de continuo crecimiento y expansión, lo que le ha llevado a participar con cuotas de mercado significativas en países como el Reino Unido, Brasil, Polonia, Portugal o México, entre otros. También BBVA se sitúa como una de las mayores entidades de crédito a nivel global, con presencia relevante en México y Turquía, entre otros países. No es sólo que España tenga algunos de los bancos más grandes de Europa, es que además están entre las entidades financieras más innovadoras del sector.

Que la banca es un sector innovador es algo que en España se da más o menos por hecho. Valga como demostración lo poco que se ha tardado en pasar de la banca analógica a la banca digital. Hoy, seis de cada diez usuarios de banca operan frecuentemente a través de dispositivos digitales, y las previsiones del sector pasan por que este porcentaje se eleve con rapidez estos próximos años. La innovación y la adopción de nuevas tecnologías se dan por hecho. Pero que no tiene por qué ser necesariamente así. Desde la patronal del sector hablan orgullosos de tener una de las ofertas de servicios más amplias del mundo. «En muchos países se sigue pagando con cheques y aquí hemos adoptado el dinero de plástico [las tarjetas de crédito o débito] desde hace años. Llevamos con domiciliaciones de nóminas y recibos dos décadas, y en eso se ha ido por encima incluso de los países más avanzados», aseguran los representantes de la banca española.

En su casi recién abierto negocio de banca digital en México, los responsables de Banc Sabadell, preocupados por el problema de violencia que sufre el país, han desarrollado una aplicación móvil «antiatracos»: a no ser que introduzcas una clave de seguridad, el saldo que aparecerá en la cuenta será de unos pocos pesos, ocultando la verdadera cantidad disponible. De esta forma, un potencial ladrón o atracador tentado a arrebatar sus ahorros a uno de los clientes del banco catalán no tendrá forma de saber cuánto dinero hay en realidad. A inicios de 2018, EVO Banco (entidad heredera de parte del negocio de la antigua Novagalicia) presentó la primera aplicación, todavía en fase beta, que permitía abrir una cuenta, operar y recibir asesoramiento a través de la voz y la inteligencia artificial. Meses antes, BBVA presentaba otra solución para abrir una cuenta bancaria a través del móvil, por medio de un *selfie*. Son sólo tres ejemplos, pero el sector bancario español se gasta cientos de millones de euros al año para desarrollar aplicaciones y soluciones innovadoras.

Esta innovación, unida a la extensa red de oficinas, son dos de las principales causas que explican el relativo fracaso que ha cosechado, históricamente, la banca extranjera que ha venido a competir a España en el negocio minorista. No lo han tenido fácil las entidades foráneas, acostumbradas a competidores mucho menos agresivos y menos extensivos en red de oficinas, número de empleados y oferta de productos y servicios. Barclays, Citibank, Lloyd's... todos han acabado por renunciar a sus negocios de banca comercial, ahogados por la baja rentabilidad y los excesivos costes que implica salir al ruedo en suelo español. Por el momento, se mantienen ING y Deutsche Bank, cada uno con modelos singulares y, en ningún caso, mayoritarios.

Se puede y se debe aspirar a tener un sistema financiero que muestre un mejor comportamiento, que sea más transparente, menos vinculado al poder político y que sea un verdadero motivo de orgullo. La última década muestra que estamos lejos de ahí todavía, pero eso no debe llevarnos a pensar que todo es un desastre. Los bancos en España han cometido errores y abusos, pero también han colaborado en el desarrollo y la modernización del país. También han demostrado que si se hacen bien las cosas pueden llegar a liderar a nivel europeo uno de los sectores más competitivos, dinámicos e innovadores del mundo. La banca española también es eso, aunque a veces se olvide.

Nicolás Menéndez Sarriés (Gijón, 1981) es un periodista de economía y finanzas. Ha escrito para el periódico digital *SABEMOS* y anteriormente en *20minutos*. Actualmente, escribe sobre banca en *Expansión*. Además, ha publicado dos libros: *Ajuste de cuentas* con Libros.com y *Bankia Confidencial* en Ediciones Deusto.

El país de las mujeres

Ione Belarra

“Hasta tal punto han sido impresionantes estos años de movilización feminista en España que el 7N (en conmemoración del 25N) fue la manifestación con más participación de los últimos años, sólo por detrás del imbatible 15M.”

En agosto de 1931 nacía mi abuela Esther, apenas seis meses antes de que el derecho al voto de las mujeres fuera reconocido por primera vez en la historia de España, en la Constitución de la Segunda República. El derecho al sufragio activo se lograba en nuestro país después de que Clara Campoamor y Victoria Kent, dos de las únicas tres parlamentarias que formaron parte de la Asamblea Constituyente que elaboró dicha Constitución, mantuvieran un encendido debate sobre si era o no el momento de reconocer a las mujeres españolas el derecho al voto. La tesis de Clara Campoamor se impuso y la historia le dio la razón a Kent, pues las derechas ganaron en las elecciones generales de 1933, aunque no debido principalmente al voto femenino. Sólo una vez más podrían votar las mujeres en España antes de que cuarenta años de dictadura franquista paralizaran este país y echaran por tierra todos los avances democráticos alcanzados durante la Segunda República.

Si le hubiésemos preguntado a mi abuela si se consideraba feminista, lo más probable es que me hubiera respondido: «¡Ay, chica, yo qué voy a ser feminista!». Sin embargo, tengo un recuerdo nítido de una cosa que me decía siempre: «¡Tú, bonita, lo que tienes que hacer es trabajar, para no depender nunca de un hombre!». Mi abuela fue al banco por primera vez cuando tenía cincuenta años, al quedarse viuda. Hasta entonces, mi abuelo había sido quien manejaba el dinero y cada semana le daba la cantidad necesaria para los gastos de la casa. La casa que ella gestionaba y él mantenía. Seguramente, mi abuela Esther nunca leyó un libro sobre feminismo, pero creo que, a pesar de ello, apuntaba con claridad uno de los elementos estructurales de la desigualdad de género en nuestro país y en muchos otros, la desigualdad económica entre hombres y mujeres.

La España que conocemos hoy ya no es la de mi abuela. Somos el quinto país de Europa con mayor porcentaje de mujeres diputadas, hay mujeres líderes en todas las disciplinas y ámbitos de la vida social y, como ha demostrado la reacción a la sentencia del caso de «La manada», también uno de los países más intolerantes con la violencia de género. Sin embargo, queda mucho por hacer y muchas cimas por alcanzar para llegar a la igualdad real. En 2017, las mujeres trabajaron gratis desde el 8 de noviembre al 31 de diciembre de 2017. Y es que la brecha salarial entre hombres y mujeres permanece invariable en un 22,9 por ciento, lo que supone que las mujeres cobran de media casi 6.000 euros menos al año que los hombres. Unos datos que suponen un escándalo para muchas personas entre las que, sin embargo, no se cuenta el señor Mariano Rajoy, antiguo presidente del Gobierno, que hace un tiempo llamaba a «no meterse» en este tema cuando le preguntaban por la necesidad de una legislación que abordara esta desigualdad.

No obstante, muchas mujeres y hombres que estamos comprometidos con la igualdad seguimos trabajando y recientemente el grupo parlamentario de Unidos Podemos-En Comú Podem-En Marea en el Congreso registró una ley para acabar de forma tajante con esta realidad. Una Ley de Igualdad Salarial que modifica el Estatuto de los Trabajadores, la Ley del Estatuto Básico del Empleado Público (EBEP), la Ley General de la Seguridad Social, la Ley Reguladora de la Jurisdicción Social y la Ley sobre Infracciones y Sanciones en el Orden Social. Una ley pionera que, de aprobarse, nos colocaría a la cabeza de la Unión Europea en esta materia. Frente a quienes quieren perpetuar las desigualdades, cada vez es más evidente que hay otra España que se abre paso hacia el futuro. Y ese futuro pasa, sin duda, por que las mujeres no se vean discriminadas en el ámbito laboral.

Mi abuelo y mi abuela se mudaron a Pamplona en 1974 para que sus hijos pudiesen estudiar en la universidad. Mi madre estudió Derecho y lleva ejerciendo la profesión desde que acabó la carrera, a pesar de que muchas de sus compañeras de clase abandonaron el ejercicio cuando se casaron. Abogada de oficio convencida, mi madre siempre me dice que las mujeres de su generación son unas «pringadas» porque les tocó trabajar fuera de casa para ser modernas y dentro de casa igual que sus madres. Y eso que mi padre cuenta que él nos llevaba orgulloso en el carrito a mi hermana y a mí cuando la gente te miraba un poco raro por ello si eras hombre.

No le falta razón a mi madre cuando señala con mucho tino otro de los grandes retos de la igualdad en el siglo XXI, el de que las mujeres seguimos asumiendo una enorme carga en las tareas de cuidados y sostenimiento de la vida. ¿Qué responderle a mi madre cuando la crisis-estafa que hemos sufrido en los últimos años ha recaído principalmente sobre los hombros de las mujeres de nuestro país? ¿Qué decirle cuando no deja de ser cierto que en las profesiones relacionadas con los cuidados las mujeres están claramente sobrerrepresentadas? No hay más que ver los datos de nuevas licenciadas. Las mujeres representan el 79 por ciento de los estudiantes de educación y el 72 por ciento en las carreras relacionadas con la salud y el bienestar. Sin embargo, sólo son el 24 por ciento en carreras técnicas y científicas y el 12 por ciento en estudios de tecnologías de la información y la comunicación (TIC), según los datos de la OCDE.

Esto no es sólo evidente en el caso de las carreras universitarias, sino que también lo es si prestamos atención a que la mayor parte de las cuidadoras no profesionales de personas dependientes son mujeres o lo son «las kellys», que no paran de denunciar condiciones laborales de semiesclavitud. Las camareras de piso preparan, por ejemplo en Benidorm, una media diaria de veinticinco habitaciones en seis horas. Además, los recortes en sanidad, educación y servicios sociales, unidos al elevado paro entre las mujeres, han tenido como consecuencia que muchas de nosotras hayamos tenido que volver a casa para cuidar durante la crisis. No puedo olvidar el testimonio de las mujeres que realizan los servicios de atención a la dependencia, a las que hemos recibido en el Congreso, en su mayoría migrantes. Sus manos deformadas y rotas de dolor demuestran hasta qué punto es pesada la carga que soportan sobre sus espaldas para que otras personas puedan seguir viviendo. Su lucha demuestra que la lucha por la igualdad es, más que ninguna otra cosa, una lucha por la vida.

Mi madre y mi abuela me enseñaron con hechos que yo podía ser lo que quisiera ser y que ningún hombre valía más que yo. Tanto es así que fueron necesarios muchos años de experiencia política para ser plenamente consciente de las diferentes violencias que las mujeres vivimos cada día en España y en otros países. Tiempo para entender que un piropo no es un halago. Tiempo para entender que los asesinatos machistas son sólo la punta del iceberg. Tiempo para entender el discurso neomachista de las denuncias falsas. Tiempo para entender que culpabilizar a la víctima de una violación por la ropa que llevaba es patriarcado en estado puro.

En estos años en los que me he ido construyendo como mujer feminista consciente, con las limitaciones propias de mi clase social y mi raza, he tenido tiempo de ver cómo el movimiento feminista tumbaba a un ministro de Justicia venido de otro siglo cuando éste planteó una reforma de la ley del aborto retrógrada y que vulneraba los derechos de las mujeres. En este tiempo he visto crecer al movimiento feminista, rejuvenecerse. He compartido manifestaciones con mujeres cada vez más jóvenes, más libres y menos tolerantes con las violencias. No comparto el análisis de quienes dicen que las nuevas generaciones sufren más violencias machistas. No es cierto, la violencia muta, se transforma y adopta nuevos mecanismos basados, en este caso, en las posibilidades que dan los medios de comunicación inmediatos como las redes sociales o el WhatsApp. Esa mutación exige de nosotras nuevas estrategias para combatirla, pero no me cabe duda de que avanzamos con paso firme hacia la construcción de una sociedad menos violenta.

Hasta tal punto han sido impresionantes estos años de movilización feminista en España que el 8M, huelga netamente feminista, ha sido la manifestación con más participación de los últimos años, sólo por detrás del imbatible 15M. Esos pasos firmes dados por el movimiento feminista han ido acompañados de gestos simbólicos pero importantes en distintos ámbitos, especialmente de la cultura. Así, hemos visto cómo Leticia Dolera se unía al movimiento internacional #Metoo y se atrevía a contar una experiencia de agresión que vivió cuando tenía dieciocho años y empezaba su andadura en el mundo del cine. O cómo una participante del masivo *Operación triunfo 2017* afirmaba que «no me voy a depilar las piernas, porque las mujeres también tenemos pelo».

Son muchas las razones para pensar que el futuro de España pasa por seguir avanzando en la agenda feminista y que estamos ante un avance imparable de mujeres que no quieren esperar para ser protagonistas de sus vidas y de los ámbitos social, laboral y político. Mujeres que vamos a tomar, esta vez sí, el cielo por asalto y de la mano de nuestras compañeras. Haciendo memoria del tiempo reciente no podemos olvidar tampoco la imagen de una jovencísima Irene Montero que, como portavoz de Podemos en la moción de censura, representó el país moderno que viene frente a un M. Rajoy acorralado por la corrupción. Ella, mujer, de veintinueve años, psicóloga. Él, hombre, de sesenta y dos años, registrador de la propiedad. La España de las de abajo, que llega con alegría y firmeza, frente al país agotado de los que llevan mandando (y robando) durante décadas.

No cabe ninguna duda de que este país les debe mucho a las mujeres, antes y ahora. A muchas mujeres cuya historia nunca fue contada y que sigue sin ser contada en los medios de comunicación o en los libros de texto. Sus vidas, sus peleas diarias por que esas vidas fueran dignas para ellas y las personas de su alrededor, son el mejor testimonio de aquello de lo que somos capaces cuando ponemos lo que verdaderamente importa en el centro de lo que hacemos. Ellas son, como diría Alejandra Pizarnik, «las que me abrigan cuando el mundo me golpea». Ellas son las que me sirven de ejemplo cuando en la Comisión de Interior del

Congreso intervengo para denunciar vulneraciones de derechos humanos y soy una de las pocas mujeres jóvenes que la constituyen. A ellas les dedico este texto en homenaje. Por todo lo que hemos conseguido pero, sobre todo, por todo lo que vamos a conseguir. Porque este país será con nosotras, o no será.

Ione Belarra (Pamplona, 1987) es una política y psicóloga española, miembro del consejo ciudadano estatal de Podemos. Tiene un grado superior en Integración social y una licenciatura en Psicología, además de un máster en Psicología de la educación. Ha trabajado en Cruz Roja, en la Comisión Española de Ayuda al Refugiado, en el Ministerio de Educación, Cultura y Deporte y en la Universidad Autónoma de Madrid. Actualmente, es diputada por Navarra en el Congreso de los Diputados y portavoz adjunta del grupo confederal Unidos Podemos-EP-EM en el Congreso de los Diputados.

Mi Audi blanco

Miguel Aguilar

“*Como todos los países, España no existe. España es, entre otras cosas, la suma de lo que los españoles pensamos de ella, de lo que los españoles queramos que sea.*”

La casa de mis padres en Madrid está en una calle residencial, flanqueada por árboles, con poco tráfico salvo las mañanas y las tardes lectivas debido a la cercanía de un colegio.

En verano, no ya la calle sino el barrio entero es un páramo donde no pasa nada, ni nadie. Una tarde de agosto de hace algunos años, un vecino aparcó su Audi blanco frente a la casa y se fue a dormir. A primera hora de la mañana del día siguiente, el conductor de un autobús municipal perdió el control de su vehículo y arrolló el Audi, sin que hubiera que lamentar ningún otro daño material ni personal. El vecino envió un correo incrédulo a toda la comunidad contando lo sucedido, probablemente en parte para explicárselo a sí mismo, que arrancaba así: «Yo tenía un Audi blanco...».

En los días aciagos del otoño pasado conté a menudo esta anécdota absurda, que remataba diciendo «Yo tenía un país que funcionaba». Porque la sensación de pérdida repentina e incomprensible, acelerada desde las vergonzosas votaciones del Parlament de Catalunya el 6 y el 7 de septiembre, era la misma que la del vecino. Te vas a dormir un día y al día siguiente el Estado de derecho ha dejado de aplicarse donde vives y unos señores (y señoras) han impuesto una legalidad paralela que ignora y vulnera tus derechos y libertades. Ya sabemos que sólo se aprecia lo que se pierde, quizá por eso esos días de otoño sirvieron para que muchos nos diéramos cuenta de lo que teníamos.

Lo que teníamos, lo que afortunadamente aún tenemos, es un país con múltiples problemas pero que funciona, como hemos visto. Un país que ha escrito una historia de indudable éxito en los últimos cuarenta años. Un país abierto, moderno y acogedor. Un país incómodo con su pasado (¿y qué país puede estar cómodo con el suyo?), que se maneja mucho mejor con una identidad débil que si saca pecho: los sonrojantes intentos de ponerle letra al himno son la mejor demostración. Al mismo tiempo, es un país asombroso porque ha logrado fundar un orgullo compartido sobre un pacto. Aquí no hay un Churchill ni un Pearl Harbour que mitificar, ni un De Gaulle ni partisanos que idealizar. Hace varios siglos que las victorias del ejército español sólo han sido sobre otros españoles. Y sin embargo, hace no tantos años logramos fundar, sin intervención extranjera, frente a los casos de Italia, Alemania o Japón, una democracia equiparable en sus virtudes y sus defectos a las mejores democracias del mundo. Logramos, lograron, entre todos, un pacto en el que todos cedían y todos ganaban, ganaban doble porque el pacto en sí ya era una victoria. España es un país fundado sobre la derrota de sus propios fantasmas y el cierre, imperfecto y siempre mejorable, de sus fracturas. Un país que se ha vencido a sí mismo merece al menos un respeto.

Pero hay más. España es el segundo país más visitado del mundo, y está entre los diez mejores para trabajadores expatriados. Es decir, objetivamente, España gusta. No es raro: es un país seguro, con buen clima, excelente gastronomía, playas, naturaleza, arte, cultura y hábitos hedonistas. Sin embargo, hace apenas cincuenta años, España era un motivo de vergüenza para muchos españoles, que al viajar sentían que su pasaporte les hacía cómplices de una dictadura tan cruel como cutre. Y la patrimonialización de la identidad española por parte de esa dictadura generó una incomodidad evidente entre muchas personas: pasé varios veranos de mi adolescencia en Bélgica, en una escuela de francés que tenía una amplia representación de españoles. En los recreos se organizaban partidos de fútbol entre España y el Resto del Mundo. Amparado en mi buen nivel de inglés, yo jugaba con el Resto del Mundo.

Desde aquellos veranos belgas, he vivido en el norte de Inglaterra, en Londres, en Bruselas y en Madagascar. Cuando llegué a Barcelona en septiembre de 1999, me encontré con una ciudad cosmopolita, henchido de una identidad posnacional que tan bien describe Michael Ignatieff en *Sangre y pertenencia*. Pero, como él explica, esa identidad sólo está al alcance de quienes pueden dar por sentada su pertenencia a un Estado que garantiza sus derechos y libertades. Esa obviedad se fue haciendo tangible de una manera lenta pero constante en los últimos años, hasta cobrar plena vigencia el pasado otoño, cuando coincidieron totalmente la crecida de una identidad cívica colectiva con la necesidad personal de un apoyo para una identidad difusa. La paradoja resultante es que me gusta España porque me permite soslayar mi identidad nacional. Porque en la inevitable arbitrariedad que rige el concierto de las naciones, la idea que sostiene a España me parece bastante tolerable y poco hostil, tan discutida por dentro como respetada por fuera. Al fin y al cabo, no podemos olvidar que nuestros principios democráticos son fuertes y sólidos porque están basados en el deseo de millones y millones de españoles de convivir en paz y en libertad. Así se ha construido la España de las últimas décadas.

Hay una extraordinaria tira de Quino en la que Manolito, el amigo de Mafalda hijo de unos tenderos de origen español, se lamenta de las miserias de su familia durante varias viñetas. En la penúltima, Mafalda, solidaria, le da toda la razón porque su familia es un desastre. En ese momento, Manolito se revuelve airado y grita: «¡A mi familia sólo la critico yo!». Ésa es la relación que tengo con España después de tantos años, la plena conciencia de sus pecados y una inevitable voluntad de protección. Porque, como todos los países, España no existe. España es, entre otras cosas, la suma de lo que los españoles pensamos de ella, de lo que los españoles queramos que sea. Hoy hay muchos españoles que quieren que España sea un país que me guste; un país en el que me encantase vivir. Hay otras ideas de España que me gustan menos. Pero dejar de creer en las alternativas buenas por la posibilidad de las alternativas menos buenas prejuzga el resultado y hace inevitable que salga mal. Me gusta España porque pienso que al gustarme puedo contribuir a que sea un país mejor, y que me guste más, y así retroalimentar un círculo virtuoso.

No sé si el nacionalismo se cura viajando, sí soy consciente de que haber vivido en varios países genera un saludable escepticismo sobre la excepcionalidad de ningún lugar. La tortilla de patata es excelente, pero un *Sunday roast* inglés o un *romazava royale* malgache no le andan lejos. ¿Por qué me gusta España entonces? Quizá sea hora de reconocer que lo que ocurre es que, dado que he nacido aquí, la prefiero a cualquiera de sus alternativas: al coste de la no España. Y que si fuera portugués, o inglés o malgache, probablemente tampoco me gustarían demasiado mis países, pero los aceptaría y los valoraría e intentaría hacerlos mejores. Los mimbres de España para mejorar son muy aprovechables: el pacto como mito fundacional, el recuerdo de la tragedia como estímulo para evitarla, un imperio que se hundió hace tanto que no se puede reclamar ninguna grandeza (la inmensa ventaja de un país que te permite no tomarlo demasiado en serio, como Italia y su imperio, aún más antiguo y su caos actual).

España es la que se alza ante el asesinato de Miguel Ángel Blanco y la que luego silba a Raimon en el concierto de homenaje. La de tantos amigos madrileños que han aprendido catalán y la de otros tantos que viven su uso como una ofensa. La de Almodóvar y la de Rouco, la de cerrado y sacristía que ora y embiste y la otra igual de bruta que describe Machado. La de los ayuntamientos del cambio y la del voto inasequible a la corrupción. Es Torquemada y es Picasso. Pero tampoco en eso somos únicos, todo país está lleno de contradicciones, porque eso es ser humano, y los países son construcciones humanas. Y lo importante es ser conscientes de que en cierta medida podemos elegir qué país de los posibles es el nuestro.

Poco antes de morir, mi madre me dijo en un tono nostálgico que casi nunca empleaba que lo que de verdad sentía es que mi hermana y yo no hubiéramos vivido la ilusión de crear un país nuevo; una ilusión y un esfuerzo que ella vivió en primera línea.

Me gusta pensar que esa ilusión y ese esfuerzo no cayeron en saco roto. Que esa España que ella ayudó a levantar merecía la pena. Quizá ése sea el sino y la justificación de toda identidad, que los hijos puedan justificar el desvelo de los padres, porque la única patria es la infancia. Si es así, me quedo tranquilo. La España en la que mis padres participaron es mejor que la que recibieron. Espero, espero, que la que mis hijos reciban sea mejor que la mía. Si no lo es, espero poder al menos argüir en mi defensa que hice más por España, por una cierta idea de España, que mi vecino por su Audi blanco. Que si la España que me gusta acaba por no ser, no sea porque yo no la haya defendido, y dormía cuando fue arrollada.

Miguel Aguilar (Madrid, 1976) es editor. Tras estudiar ciencias políticas en el Reino Unido (Universidad de Hull y London School of Economics) se instaló en Barcelona, donde en la actualidad dirige los sellos Debate y Taurus e intenta infructuosamente que sus hijos no se hagan del Barça.

Viaje por España

Pilar Mera Costas

“Mi yo gallego feliz de la casualidad que me ha hecho serlo no me lleva al bando de los apedreadores de España. Mi relación con ella, más tibia en lo sentimental, sin alharacas en cuestión de pertenencia y más bien pasotilla en su conjunto, halló definición en mis reflexiones de adulta desde una perspectiva más racional: la asunción de una ciudadanía cívica ejercida dentro un orden jurídico-político que me convence y que, con todas las carencias que se le puedan achacar, encaja con mi ideal democrático.”

Si cierro los ojos e intento recordar cuándo fue la primera vez que presté atención a la palabra España, me viene al vuelo una imagen infantil, casi del amanecer de mis tiempos. No es la de una niña resabiada y precoz, interesada por los profundos debates del nacionalismo, sino una versión más casera y candorosa. Una pequeñaja de mejillas regordetas lanza un dado, preparada para mover su peón azul. Con los ojos muy abiertos, un rizo saltarín enroscado en su frente, cara de concentración y muchas ganas de ganar. La victoria no siempre llega y ganar o perder se convierte casi en el único cambio de un ritual que se repite partida a partida. Cartas de colores desparramadas por la mesa. Una lista de monumentos y ciudades que pronuncia sin parar hasta que el nombre va sonando conocido. Retahílas cantarinas inventadas al son de los lugares nuevos que aprende. Y sobre todo, muchas risas, de esas de atragantarse al respirar. Otras veces, la niña de mi recuerdo se pone muy seria y mientras agita con energía la cabeza, convirtiendo sin querer sus trenzas en un arma peligrosa y mareando sus rizos, defiende convencida alguna idea quizá no tan peregrina.

El juego se llamaba «Viaje por España» y recuerdo con claridad su caja verde y el logotipo de la marca que lo fabricaba: un círculo formado por una cadena de muñecos, los clásicos monigotes de las inocentadas, que se daban la mano. Cada jugador tenía que completar una ruta por seis ciudades, con vuelta a la primera parada y un camino jalonado de cartas de incidencia, un carnet de viaje y tarjetas con las que ibas aprendiendo curiosidades, monumentos, grandes momentos históricos, platos típicos, banderas e himnos. Puede que la parte de los himnos me la esté inventando: salvo el gallego, que resuena en mi cabeza como si siempre hubiera estado allí, nunca me supe otro de niña, pues supongo que el «Franco, Franco, que tiene el culo blanco» no cuenta. O tal vez sí los cantaba entonces, pero porque me los inventaba. Más bien, nos los inventábamos. Y es que, como suele pasar con los juegos de mesa, las partidas siempre eran compartidas. La abuela, mami o papi eran compañeros habituales, pero la que nunca fallaba era mi hermana, María. Entonces sólo éramos dos en un equipo al que, sin saberlo, aún le faltaban dos piezas imprescindibles, y lo de jugar, inventar y canturrear era una constante de nuestro dúo. Tiempos aquellos en los que compartíamos hasta la misma butaca, donde cabíamos las dos sentadas, una junto a la otra, mientras leíamos el periódico y aprendíamos palabras como aquel *atolladero* que nos regaló Felipe González una mañana de sábado cualquiera. Cantarinas e inventoras como éramos, lo de tararear himnos autonómicos imaginarios suena bastante convincente.

Entre músicas imaginadas o reales, me encantaba esa España de nuestro tablero, en la que lugares conocidos y queridos se mezclaban con muchos más que nos resultaban misteriosos y muy diferentes entre sí, tanto que se nos antojaban exóticos y preciosos. Nos imaginábamos conociéndolos todos y el sueño no parecía tan loco, pues, por lo que nos contaban, en realidad no estaban tan lejos como creíamos. Nuestros padres y la abuela habían estado en muchos de ellos, incluso al Celta le tocaba jugar en alguna de aquellas ciudades un domingo o al otro, así que quizá sólo teníamos que crecer un poco. Lo justo para no caber las dos en la misma butaca.

Crecimos, claro, y por el camino seguimos jugando al «Viaje por España», que con el paso de los años convirtió su título en expresión familiar para referirse a periplos largos en distancias y cortos en el tiempo. Muy útil, por ejemplo, cuando me convertí en la hormiga atómica, que diría mi madre. Porque los ratoncitos de biblioteca también hacemos kilómetros. Entre Vigo y Madrid, tantas veces como puedo y menos de las que quisiera. Ruta habitual que se combina de vez en cuando con obligaciones viajeras repentinas que en ocasiones tienen la costumbre de juntarse para sumar paradas y multiplicar kilómetros, dividiendo el tiempo en fracciones aceleradas. Esta versión en carne y hueso del viaje por España no la vivo a bordo de una furgoneta, como famosa cantante de gira veraniega, sino como investigadora intrépida que combina autobuses, trenes y algún que otro avión para cubrir citas obligadas en archivos, congresos y reuniones variadas. A veces resulta un poco cansado, pero si el tiempo juega a mi favor, hasta tengo la suerte de dar un paseo y conocer alguno de los lugares que ilustraban las tarjetas de mi juego. La ventaja de los viajes reales, además de admirar en vivo y en directo y no a través de un dibujo de cartón, es la gente con la que tropiezas. Personas muy variadas en sus procedencias, historias y formas de ser que te descubren la paradoja de la proximidad que puede haber en lo lejano.

Sumando líneas, caigo en la cuenta de que el dibujo sobre lo que me inspira la palabra España me está saliendo más sentimental de lo esperado. Reconozco que me sorprende porque la parte emocional, la del calorcito en el estómago, lágrima de morriña y cosquilleo agarimoso, siempre la paladeo con sabor gallego. Frente a la marca España, que ni frío ni calor, es el Galicia *calidade* el que burbujea en mi corazoncito sin competencia. ¿Qué le voy a hacer? Mis paisajes, mis palabras, mis historias, mis sonidos favoritos... son gallegos. La xe palatal me viene de serie y me gusta cocer cosas, que dirían algunos. Mi foto fija del mar tiene las islas Cíes al fondo, la arena de la playa es blanca y el agua, refrescante, que no fría, como sabemos los que aprendemos a nadar en el Atlántico. La vida la entiendo desde los matices y me encanta hacerme y hacer preguntas. Hasta me descubro a mí misma, en realidad poco amiga de himnos y banderas, con una vuelta en el estómago cuando escucho a celtistas y deportivistas cantando el himno gallego antes de *o noso derbi*. Sobre todo, si estoy lejos y llevo demasiado tiempo sin pasar por casa. Mi casa, que es mi familia. Supongo que ésa es la misteriosa explicación de mi vínculo emocional: Galicia es el hogar de mi familia, escenario y personaje de su historia, y eso la convierte en mi casa. *Miña casiña, meu lar*, que dice el saber popular. Se trata de un sentimiento de orgullo y querencia familiar, que no de competencia, lo que me aleja de afanes guerreros o de la necesidad de definir sus bondades a base de enfrentamientos y juegos de todo o nada. No es el único lugar bonito del mundo ni el único que me gusta. Simplemente es el que más quiero. Igual que quiero más a mi familia que a cualquier otra y eso no me lleva a desear que nos convirtamos en los amos del planeta ni a ir por ahí aplastando cabezas para conseguirlo.

Mi yo gallego feliz de la casualidad que me ha hecho serlo no me lleva al bando de los apedreadores de España. Mi relación con ella, más tibia en lo sentimental, sin alharacas en cuestión de pertenencia y más bien pasotilla en su conjunto, halló definición en mis reflexiones de adulta desde una perspectiva más racional: la asunción de una ciudadanía cívica ejercida dentro un orden jurídico-político que me convence y que, con todas las carencias que se le puedan achacar, encaja con mi ideal democrático. Si mi yo historiadora se pone las gafas de España y mira hacia atrás en su historia, se reconoce pecador de la nostalgia de lo que pudo haber sido y no fue. O de lo que fue a ratos, a veces a escondidas, muchas otras a contracorriente, siempre peleando con posiciones más extremas frente a las que pierde en el corto o no tan corto plazo. Hablo de la España liberal de Canalejas, de la del espíritu renovador de la Institución Libre de Enseñanza, de la de Clara Campoamor o Manuel Portela Valladares. Reconozco mi simpatía por el antihéroe, la posición tibia alejada de la épica y cercana a la razón y al progreso, el reconocimiento por el trabajo bien hecho del juega como nunca y pierde como siempre y en cuartos. No es sólo tradición futbolera, aunque ser del Celta fomente combinar el orgullo del equipo pequeño al que le gusta serlo con la convicción de que, si sigues avanzando, algún día alcanzarás la meta. Pero pesa sobre todo la ternura tristona que provocan los Tom Doniphon, con sus funerales desolados, la soledad de los años finales y el sabor amargo de lo perdido por la renuncia consciente. Y mientras deseas que su historia hubiera sido diferente, sabes que, en realidad, si te gusta tanto es por las decisiones que le llevaron a ese final. Nota al pie sobre una obviedad quizá no tan obvia: la admiración por ese ideal derrotado no es por la derrota sino por el ideal.

Ese hilo de admiración entró en una nueva etapa cuando al fin llegó un hito donde no perdió. El nuevo punto de partida empezó en la Transición y en su apuesta, por una vez, de dejar atrás la política de tierra quemada. Aprender del pasado y tenerlo presente para resolver el ahora e intentar poner cimientos de un futuro mejor. Esa nueva etapa se llama «democracia» y, aunque haya que mimarla y apuntalarla partido a partido, sin triunfalismos, no está mal recordarlo y afirmarlo con sonrisa orgullosa. Desde entonces, en el camino no han faltado sinsabores. Tampoco ingredientes sabrosos. Los avances en Estado del Bienestar, convergencia autonómica, convivencia europea, igualdad entre mujeres y hombres, reconocimiento de derechos del colectivo LGTBI, de las personas con discapacidad... son elementos positivos y esperanzadores, dignos de reivindicar. Sin negar las tareas pendientes, en estas y muchas cuestiones más. Por eso no estaría mal aparcar las eternas vueltas alrededor del ombligo diletante que no deja de preguntarse qué es España y concentrar los grandes pensamientos en apuntalar un país más igualitario, más justo y más libre. El tablero es grande, las cartas se multiplican y ahí siguen los peones. El viaje continúa.

Pilar Mera Costas (Vigo, 1978) es historiadora y especialista en la Segunda República. Licenciada en Periodismo y Ciencias Políticas por la Universidad de Santiago de Compostela, se doctoró en la Universidad

Complutense con una tesis sobre la biografía de Manuel Portela Valladares. Desde entonces, centra sus investigaciones en la crisis de la democracia y el comportamiento de los políticos liberales durante el periodo de entreguerras, el concepto «Tercera España» y la participación política de las mujeres en los años 30. Las políticas de orden público, la patria cívica republicana, el género biográfico o el papel de la mujer en el SUT completan sus líneas de investigación. Además de sus trabajos académicos, ha colaborado en publicaciones como *Letras Libres*, *El País* o el desaparecido *Ahora Semanal*. Desde 2010, comparte momentos con los colectivos poéticos «A Porta Verde do Sétimo Andar» y el «Grupo Bilbao». A su lado ha participado en libros como *Pegadas*, *Madrid era uma praia de baleias entre névoas*, *Fisterras*, *Dez anos na porta. Antoloxía poética 2005-2015* o *Língua de resiliencia*. Es autora del poemario *A mares do alén* (Lastura, 2011).

Harry Powell atraviesa la Península

Manuel Arias Maldonado

> "*No me ha tocado un mal décimo en la lotería del nacimiento: este país tiene sus virtudes y el tiempo me ha permitido situarlas debidamente junto al listado de sus defectos, hasta parecerme que las primeras sobrepujan a los segundos.*"

Se atribuye a Plinio el Viejo ese proverbio que, en su versión inglesa, llegó a dar título a una canción interpretada por Elvis Presley: *Home is where the heart is.* O sea: el hogar está donde se encuentra el corazón. ¡Nada más natural! ¿Acaso no penó Ulises durante veinte largos años hasta regresar a Ítaca? ¿Y quién no lo haría? De Plinio a Elvis: si un mismo sentimiento atraviesa la historia de la cultura, algo nos dirá sobre la condición humana.

Aunque quizá las cosas no son tan sencillas. Así vino a recordárnoslo el músico estadounidense Gill-Scott Heron cuando, a principios de los años setenta, introdujo una descarnada variante en esta vieja idea con el propósito de denunciar la marginación de la comunidad afroamericana. Lo hizo en una canción sublime: *Home is where the hatred is.* O sea: el hogar es donde está el odio. ¿Ingratitud? Depende. Es una proposición razonable si eres un heroinómano sin empleo a cuyo mejor amigo acaban de acuchillar en un callejón.

Amor y odio, en cualquier caso, hacia el propio hogar: formas del apego que empujan en direcciones distintas, sin dejar de empujar nunca ni en ningún caso. Hablamos de sentimientos estables más que de pasiones momentáneas, aunque ambos puedan conocer episodios de gran intensidad expresiva. De hecho, es común encontrarse con versiones extremas de este continuo afectivo: está quien ama el terruño ciegamente y quien ciegamente lo detesta. Las circunstancias pueden ser decisivas: una guerra, una competición futbolística, un exilio. ¡O la feria local! A menudo, bien está aclararlo, el objeto de esas exaltaciones no es necesariamente el país en su conjunto, sino la región o el municipio. Estas últimas son patrias chicas que pueden funcionar metonímicamente, representando para nosotros una unidad más amplia o incluso reemplazándola afectivamente: una playa de Santander puede evocar en el emigrado al conjunto de España o limitarse a despertar el recuerdo de una playa de Santander. Y uno puede amar Santander o detestar Santander. Pero también, como nos ha enseñado esa ciencia inexacta que es el psicoanálisis, podemos hacer las dos cosas a la vez.

Por eso dice Sánchez Ferlosio que «bueno» y «malo» representan el grado cero de la moral: quien sólo habla de ellos apenas ha pasado por la escuela primaria del juicio intersubjetivo. Naturalmente, eso vale también para el amor y el odio que se profesan al lugar donde se ha nacido y vivido; estamos ante fases infantiles del desarrollo emocional. Por eso, Harry Powell, el perverso reverendo interpretado por Robert Mitchum en *La noche del cazador* que paseaba por Norteamérica con las palabras «amor» y «odio» tatuadas en los nudillos, era el protagonista de una fábula infantil: son dos niños los que, a través de su mirada, dan forma al personaje. Y niño permanece quien simplemente ama u odia a su país, haciendo de una contingencia radical —el lugar donde venimos al mundo, donde nos hacemos parte del mundo— el eje de una experiencia pasional que, bien mirado, quizá nos permite descansar de otras complejidades: como si freudianamente buscásemos el cobijo de una manta originaria. Y es que hace frío a la intemperie.

A decir verdad, la intimidad que nos une a nuestro país —producto inevitable del trato continuado con él— produce un efecto ambiguo. Por una parte, suministra un conocimiento del mismo que está ligado a nuestras vivencias y percepciones, acumuladas a lo largo del tiempo pero registradas con mayor fuerza en las primeras décadas de la vida. Jamás serán experiencias del todo homogéneas: no es lo mismo crecer en un pueblo que hacerlo en una ciudad, como no lo es salir a veranear o quedarse en casa, habitar el interior o vivir junto al mar. Pero difícilmente podrá discutirse que con el paso del tiempo se adquiere una familiaridad con la propia cultura que nos hace sensibles a sus estímulos, que en adelante despertarán en nosotros la sensación de un *reconocimiento* con plenos efectos emocionales. Tomemos como ejemplo esa escena prodigiosa de *El sur*, la película de Víctor Erice, en la que padre e hija bailan un pasodoble —«En er mundo», para ser exactos— mientras el resto de la familia, que se ha reunido para celebrar la primera comunión de la niña, aplauden con entusiasmo. Quien haya crecido en España habrá de contener la emoción durante los casi dos minutos durante los que se mantiene ese milagroso plano-secuencia, que arranca en el vestido blanco posado sobre la silla y en ese mismo vestido concluye. ¡Aunque a uno le disguste el casticismo! Hay algo en esa estampa que sólo un español podrá reconocer, reaccione a ello con cariño o disgusto; sin perjuicio de que un italiano o un neozelandés, faltaría más, se conmuevan también con los aspectos universales de esa misma escena. Ese *algo* deriva de la intimidad cultural y estará presente en la recepción de cualquier producto artístico «nacional». Ya sean películas españolas, novelas rusas u óperas alemanas: eterna dialéctica de lo universal y lo particular.

Al mismo tiempo, sin embargo, la intimidad produce un sesgo. Estamos *dentro* de aquello que experimentamos, que carece de un *afuera* a la manera en que sí lo tienen las otras culturas —anglosajona, alemana, francesa— con las que entramos en contacto intelectual o vivencial durante nuestra vida. Y en el sesgo, claro, está el peligro. A saber: el peligro del juicio pueril, elemental, que se expresa en el amor incondicional o la adhesión fanática. ¡Lo nuestro y sólo lo nuestro! Pero también se expresará en sus contrarios, ya sea el rechazo adolescente o la demonización de lo propio cuando se lo juzga como rémora o atavismo: encontrando un 98 en cada esquina. ¿No será ese mismo sesgo el que explique la costumbre que tienen todos los países de creerse excepcionales, anómalos? ¿O, lo que es igual, únicos? De este sesgo perceptivo con efectos emocionales no es fácil librarse, pues ha sido instalado en nuestro interior a la manera de un *software* que jamás caduca. Pero sí es posible, además de recomendable, actualizarlo.

Esa saludable operación pasa por la aceptación madura de la herencia que nos toca en suerte al nacer: sin amores irreflexivos ni odios hiperbólicos. Evitando las totalizaciones y las idealizaciones; cultivando el detalle sin perder de vista el conjunto. Tomando distancia, en definitiva, sin aspirar a un desapego imposible. Frente a la idea de que cualquier cultura es un «constructo» social, podemos hacernos conscientes de ese hecho indiscutible y del azar que decide si nos incorporamos a una o a otra, sin por ello dejar de admitir que entre todos los constructos hay uno que es *nuestro* sin que podamos remediarlo. Tampoco hay que avergonzarse: bastará con que tengamos siempre presente la naturaleza contingente de ese apego y frenemos cualquier vocación excluyente. Nada de esto implica que no podamos dejarnos llevar por la emoción, sea positiva o negativa; sólo que esas emociones adquirirán un nuevo significado en el marco de esa melancólica conciencia. Porque lo nuestro no es mejor ni único, sólo es nuestro y bien podría no haberlo sido: otros tienen lo suyo propio. Y cabemos todos.

Pertenezco a una generación que combinó durante su infancia y juventud las aspiraciones cosmopolitas con los anclajes nacionales. De nuevo, hablar de experiencias comunes tiene sus límites y es conveniente dar detalles. Yo nací, perdonadme, con la dictadura. Pero una dictadura agonizante que empezó a terminar cuando cumplí un año. Y la transición a la democracia la viví, inocente, en el sur del sur: entre una ciudad portuaria, un pueblo costero y una conurbación turística llena de extranjeros. No desmerezco, al señalar esa influencia dominante, los vínculos paternos con la provincia y la ciudad de Granada. Me he reconocido siempre más mediterráneo que andaluz, palabra para mí con escasa carga semántica; me he sorprendido encontrando huellas de esa meridionalidad solar en el sur de Italia y en una isla griega, en el cine de Fellini o la poesía de Kavafis. Durante la primera juventud, prestaba poca atención a España: la música que escuchaba con avidez era mayormente anglosajona y el cine que consumía tan universal como la literatura que frecuentaba. Seguramente identificaba la españolidad con una forma de vida no especialmente atractiva, algo brusca, alejada del circuito internacional. Después, mi profesión me llevaría durante largos periodos a Gran Bretaña, Estados Unidos, Alemania. Seguía, pues, lejos de España.

Poco a poco, sin embargo, fui adquiriendo otra perspectiva: sin renunciar a un cierto descontento misantrópico, el país se me hizo más entrañable, menos áspero. ¿Cosas de la edad? Seguro. Y del carnet de conducir: aunque lo obtuve muy tarde, la pasión tardía del viaje por carretera me ha permitido ver otra España o ver España de otra manera. Simultáneamente, la temprana muerte de mis padres exigió de mí una consideración más detenida de sus trayectorias biográficas y de la sociedad en la que vivieron: el país que me sirvió de prolegómeno. No ha surgido de aquí ningún apasionado amor a España, sino más bien la serena aceptación de un apego inevitable: el que me une a un constructo, el mío, que me permite experimentar las emociones universales de la pertenencia sin sucumbir a ellas. No me ha tocado un mal décimo en la lotería del nacimiento: este país tiene sus virtudes y el tiempo me ha permitido situarlas debidamente junto al listado de sus defectos, hasta parecerme que las primeras sobrepujan a los segundos. Bien está: para bien y para mal, Plinio no se equivocaba.

Manuel Arias Maldonado (Málaga, 1974) es profesor titular de Ciencia Política en la Universidad de Málaga. Autor de *La democracia sentimental* (Página Indómita, 2016) y *Antropoceno. La política en la era humana* (Taurus, 2018). Es colaborador habitual de *Revista de Libros*, *Letras Libres* y *The Objective*, además de columnista en la edición nacional de *El Mundo*.

Canción de la buena gente

Irene Milleiro

> *“Porque, ante todo y sobre todo, en este país somos buena gente. Y cumplidos los cuarenta, creo que no hay nada que importe más.”*

> A la buena gente se la conoce en que resulta mejor cuando se la conoce.
>
> BERTOLT BRECHT, *Canción de la buena gente*

Escribo esto a 10.000 metros de altura, volviendo a casa. Cuando era joven, los que me gustaban de verdad eran los vuelos de ida. Los nervios y las ganas de llegar a un lugar desconocido, diferente, las posibilidades infinitas, las ganas de explorarlo todo. Y un día, no sé cómo, todo cambió. Me hice mayor y de repente los que me encantan son los aviones de vuelta. Me siento en el avión, me pongo los cascos y saco la libreta amarilla donde apunto muchas cosas. Y pienso en lo que he vivido y aprendido en ese viaje y, sin querer, empiezo a compararlo con lo que tengo en casa. Hay cosas mejores, y cosas peores. Pero tras muchos viajes de vuelta, hay una cosa que tengo clara: ante todo y, sobre todo, en España somos buena gente. Aquí el porqué.

Dormíamos, despertamos.

Ésta fue mi frase favorita de aquellas inspiradoras semanas de mayo de 2011.

Dormíamos, despertamos.

Por eso, mi país es el de Elena, que creía que los libros de texto tenían que ser gratuitos para cualquier familia, y consiguió iniciar ese movimiento en la Ley de Educación.

El de Marcos, que grita #queremosoír y se niega a aceptar que una persona tenga que dejar de hacerlo por no tener dinero para arreglar su implante.

El de Gabi, que no ha dejado que nadie le diga que su discapacidad le impide hacer algo. Incluso ser juez.

El de Laura e Isidoro, que hicieron rectificar a dos ministros de Educación, salvando el Erasmus y frenando las reválidas.

El de Paloma y el de Mahesh, que han conseguido que la sanidad pública no abandone a los niños con daño cerebral sobrevenido y abra las primeras unidades para tratarles.

Mi país es el de Beatriz, que no ha parado hasta conseguir saber lo que pasó aquel 3 de julio de 2006 en el metro de Valencia. El de Rogelio, que ha hecho lo mismo con el accidente del Alvia.

El de Carmen, Álvaro, Pablo, Mónica, Juan Manuel, Mercedes, y todas las personas que están consiguiendo que nuestras calles, nuestros trenes, nuestros autobuses sean de una vez accesibles para todo el mundo.

Mi país es el que lleva veintiséis años siendo el número uno del mundo en donación de órganos y trasplantes, el de la gente que se vuelca cuando hay que limpiar chapapote en mi tierra, el que se vacía los bolsillos cuando hay un terremoto en Lorca, o en Haití, o un tsunami en Asia.

Mi país es el que tiene uno de los mayores grados de aceptación social de la homosexualidad y el matrimonio igualitario. El país al que mis amigos gais de Holanda se vienen a poder pasear de la mano tranquilos por la calle.

Mi país es el de Mercedes, Esther, Lourdes, Mar, y todas las mujeres que cada día luchan por darnos más visibilidad a todas. El de Fabio, Susana, Paco, Ana, Matías, Eneko, y todas las personas que se lanzan a emprender, a pesar de la crisis, los obstáculos, el miedo.

Mi país es el de las mujeres que hemos dicho que ya basta, y el de los pensionistas que todos los lunes toman las calles.

En estos últimos años he tenido la suerte de vivir muy de cerca cómo la gente ha dejado de callarse ante las injusticias, de cómo se une para ayudar a los demás, de cómo está cambiando las cosas. Y lo que queda. Porque, ante todo y sobre todo, en este país somos buena gente. Y cumplidos los cuarenta, creo que no hay nada que importe más.

Irene Milleiro (Pontevedra, 1976) es directora general para Europa de la plataforma de peticiones Change. Especializada en el uso de la comunicación digital para el cambio social, fue directora de Campañas y Estudios de Oxfam Intermón y trabajó en la Unidad de Derechos Humanos de la Comisión Europea en Bruselas. Ha impartido diversas conferencias sobre la utilización de la tecnología para el empoderamiento ciudadano y el impulso de cambios sociales.

Comprometida con la igualdad de las mujeres y personas LGTB, Irene es miembro honorario de las Top100 mujeres líderes en España y obtuvo el premio Mujeres a Seguir en la Categoría de Comunicación en 2017.

Un proyecto compartido

Ignacio Urquizu

> *“En ocasiones, muchos confunden los proyectos de país con las propuestas. De ahí que algunos crean que todo se resume en una batería de medidas que aborden los principales problemas. Pero no, un proyecto de país es algo mucho más profundo.”*

Decía Ernest Renan en su famosa conferencia «¿Qué es una nación?», pronunciada en la Sorbona en 1882, que ésta se define «por el deseo de vivir juntos [...] haber hecho grandes cosas juntos, querer seguir haciéndolas aún, de ahí las condiciones esenciales para ser un pueblo. —Y continuaba—: una nación es, pues, una gran solidaridad, constituida por el sentimiento de los sacrificios que se ha hecho y de aquellos que todavía se está dispuesto a hacer». También vaticinaba que «las naciones no son algo eterno».

Cuando pensamos en nuestro país y en la necesidad de tener un proyecto político que supere lo más inmediato, muchas veces se nos olvida la argumentación de Renan y sus implicaciones. En ocasiones, muchos confunden los proyectos de país con las propuestas. De ahí que algunos crean que todo se resume en una batería de medidas que aborden los principales problemas. Pero no, un proyecto de país es algo mucho más profundo que todo eso. Significa tener un horizonte claro de los objetivos que se quieren alcanzar y que son compartidos por una mayoría, dibujando el modelo de sociedad en la que uno querría vivir.

En España ha sido muy frecuente el sentimiento regenerador, donde una mezcla de fatalismo y de adanismo proponía empezar de nuevo todo, dado que los españoles hemos estado siempre condenados a la frustración. Partiendo de una autoestima baja, los regeneradores siempre han propuesto traer de fuera las soluciones, puesto que los españoles nunca hemos sido capaces de alcanzar el éxito por nosotros mismos. En la reciente crisis política han proliferado notables textos al respecto en los medios de comunicación. Pero lo cierto es que la realidad contradice bastante este discurso de regeneración. Hemos sido capaces de alcanzar grandes metas juntos y una sencilla mirada al pasado lo corrobora.

En la década de 1980 fuimos capaces de tener ese proyecto de país. Tras cuarenta años de dictadura, la inmensa mayoría de los españoles deseaban ser una democracia desarrollada con unos niveles de bienestar acordes con nuestra riqueza e integrada plenamente en Europa. La sociedad aspiraba a un país distinto, más moderno y similar a nuestro entorno más inmediato. Indistintamente de las preferencias partidistas, la mayoría de la ciudadanía entendía que nuestro lugar en el mundo debía guiarse por esos principios rectores. Sobre ellos se puso a trabajar una generación que no sólo logró lo que se propuso, sino que en algunos aspectos fue ejemplar. Por ejemplo, tal y como recordaba el colectivo Politikon en su reciente libro *El muro invisible,* en 1980 España «era el país de la Unión Europea en el que la proporción más baja de mujeres trabajaba, con menos de un 32 por ciento. En 2010, en cambio, aun siguiendo por debajo de la media, la participación femenina se había multiplicado por dos y era más alta que la de Italia, Grecia, Bélgica y comparable a la de Japón, Irlanda o Francia». Un conjunto de medidas nos permitió alcanzar estándares europeos en numerosos indicadores, mostrando una sociedad profundamente distinta a la que teníamos a finales de los años setenta.

El reto que tenemos por delante es volver a establecer ese horizonte de país, dibujando de nuevo un modelo de sociedad compartido. Así, necesitamos un impulso modernizador que permita aumentar la calidad de nuestra democracia. Pero no sólo eso, también el Estado del Bienestar necesita un conjunto de reformas con el objetivo de hacerlo más redistributivo y sostenible en el tiempo, cambiando incluso su filosofía, pasando de un Estado del Bienestar «reparador» a uno que se anticipe a las dificultades. La economía también debe adaptarse a un nuevo escenario: más abierto, más competitivo y donde el cambio tecnológico lo guía todo. Se trataría de hacer un nuevo esfuerzo de racionalización del tejido productivo. Y todo dentro de un cambio muy profundo en el modelo de sociedad donde el trabajo debe ocupar cada vez más un lugar menos relevante. Son horizontes compartidos por numerosos grupos sociales y que pueden recomponer el contrato social.

Esto último es fundamental. El contrato social se quebró durante la crisis generándose nuevas brechas: generacionales, aumento de la preocupación por la inmigración o una visión más crítica de Europa. Esto implica que la construcción de mayorías sociales no sólo es ahora más difícil, sino que elaborar un proyecto compartido por el conjunto de la sociedad nos va a exigir notables esfuerzos. Por ello es tan relevante determinar los horizontes de país compartidos.

En definitiva, se trataría de relatar cómo queremos que sea la sociedad en la que deseamos vivir una mayoría amplia de la ciudadanía en los próximos años, fijando claramente los vectores principales de desarrollo de la sociedad. Es ahí donde surgen desafíos como la globalización, la revolución tecnológica o el desarrollo en sociedades con una renta per cápita por encima de los 25.000 dólares. Y todo ello teniendo tanto una agenda nacional como una transnacional, porque cualquier esfuerzo transformador nos va a exigir notables sacrificios tanto dentro como fuera de nuestras fronteras.

Intentar describir al detalle ese modelo de sociedad compartido en unas líneas sería una osadía. Por ello, prefiero concluir reclamando un esfuerzo por parte de todos a la hora de construir el proyecto político de las próximas décadas. Se trata de fijar los principios vectores y los desafíos. Algunos han sido enumerados en estas líneas y mi optimismo me dice que lo vamos a conseguir.

Ignacio Urquizu (Alcañiz, 1978) es doctor europeo en Sociología por la Universidad Complutense de Madrid y doctor-miembro del Instituto Juan March. Ha sido *Visiting Fellow* en la Universidad de Harvard (Boston, EEUU) e investigador visitante en el Instituto Universitario Europeo (Florencia, Italia) y la Universidad de Essex (Reino Unido). Ha impartido docencia en la Universidad de Essex, la Universidad George Washington (Centro de Madrid), la Universidad Oberta de Catalunya, la Universidad Pablo Olavide y la Universidad Complutense de Madrid, donde es profesor de Sociología en excedencia en estos momentos. También ha colaborado con la Fundación Alternativas, donde fue subdirector de Estudios de Progreso, y formó parte del grupo *Next Left* en la Fundación Europea de Estudios Progresistas, con el objetivo de presentar un proyecto nuevo para la socialdemocracia a nivel europeo. Entre 2014 y 2015 coordinó el seminario de análisis político de Metroscopia. Además, el 20 de diciembre de 2015 fue elegido diputado del PSOE en el Congreso por la provincia de Teruel, renovando el escaño el 26 de junio de 2016.

La España del otro

Rocío Martínez-Sampere

> *“No tengo más que la épica gris y el elogio de la imperfección como manera más convincente de defender España en positivo. Muchos dirán que es un relato poco ilusionante, pero a mí me sigue pareciendo el más motivante cuando se trata de entender que esa comunidad que llamamos España es la del otro, que es conciudadano.”*

Autovía A4 Madrid-Córdoba, camino a Cádiz. Un día de marzo de 2018. Recibo una llamada de uno de los coordinadores de este libro: «Queremos que participes en un libro colectivo hablando de España en positivo». Me explica el proyecto y me detalla la lista de los otros autores, entre los que reconozco algunos amigos con los que suelo discrepar. Trago saliva. Balbuceo. Capta mi desconcierto e insiste: «No queremos que hables como política que eres, sino sobre cómo se siente una catalana como tú en Madrid». Afina educadamente su encargo: «No queríamos un libro donde la sensibilidad del catalanismo estuviera ausente. Aunque en esta ocasión no se trata tanto de hablar de soluciones políticas, como de describir los sentimientos de uno». Trago saliva dos veces. Pronuncio un débil «De acuerdo, lo intentaré».

Me arrepiento enseguida de todo lo que no le he dicho, que no tiene nada que ver con la intención del libro ni con los autores. Hace tiempo que practico una resistencia activa para que no me importe con quién me agrupen, en un país que está mucho más obsesionado por etiquetar que por argumentar. Pero sí tiene que ver, en cambio, con la enorme dificultad que me supone lo que me pide. No sólo la «prohibición» de hablar de soluciones políticas, que es a lo que he dedicado mis energías públicas y privadas los últimos años, consciente de que la falta de política es el déficit más corrosivo que tiene España, sino también a la incomodidad de hablar de sentimientos ligados a una patria. Mis intereses genuinos, pero también mi educación sentimental, nunca estuvieron ligados a patria alguna, más bien a valores universales como la igualdad o la libertad. Y aunque pronto entendí que esos valores se defendían de facto en una comunidad política, en un espacio compartido que podríamos llamar «patria civil», me siguieron incomodando las banderas si no estaban llenas de un proyecto significante. Llevo, sin embargo, años desvelada y atribulada. Años de autorrevisión. Y de muchas dudas. Dudas estratégicas, pero también sustanciales. Años en los que he entendido que la identidad y el poder son dos vectores imprescindibles para configurar la política que viene, y que lo único fácil es despreciarlos. Años en los que he entendido que la política no es una suma de propuestas, sino que tiene que ver con interpelar un estado de ánimo, y que lo único fácil es ignorarlo. Llevo años desvelada, por unas banderas que sí importan a mis conciudadanos, a mis amigos, a mi familia, a mi patria íntima, de la que ni puedo ni quiero ser ajena. Resuenan las instrucciones recibidas. *Explica qué sientes, explica cómo lo vives.* Es el encargo más irritante, por difícil, que me podrían haber hecho. Escribir de vivencias y sentimientos es algo que nunca he hecho hasta ahora.

Madrid. Marzo de 2018. Día del encarcelamiento de Turull, Rull, Forcadell, Bassa y Romeva. Personas con las que he trabajado y compartido muchas cosas. Un día cuesta arriba. Un día antes del viaje a Cádiz. ¿Cómo lo vivo? Voy a recoger a mi hijo pequeño, que jugaba en casa de unos amigos. Arquitectos. Han vivido unos años en Canadá. Han elegido la misma escuela que yo para educar a sus hijos. «Qué horror lo de Cataluña.» «Sí, sí, muy difícil, muy difícil», digo yo. Espabilo a Tomás para marcharnos, me embarga la pereza. Sé lo que me espera y no tengo ganas de discutir. «¿Le habláis en catalán siempre?» «Sí claro, es nuestra lengua.» «Pero habláis español perfecto.» «Sí, claro, como todo el mundo en Cataluña.» Caras de duda. Arrogancia. «No te lo tomes a mal. Vosotros sois distintos [?]. Pero en Catalunya, con lo de los colegios y tal, ya no hablan bien español, que es la lengua de todos. Eso es parte fundamental del problema del independentismo, la escuela.» Respiro profundo y le explico educadamente que el catalán es una lengua española, que así lo dice la Constitución (eso lo digo lentamente y remarcando la palabra), y que igual se tendrían que preguntar por qué ningún presidente de España habla catalán cuando en Canadá es impensable que alguno no hablé también francés. Sigue en sus trece. Argumentos ahora de eficiencia. «¿Si todos hablamos castellano, para que liarnos?» Yo también subo el tono y estoy a punto de seguir la conversación en inglés, eso sería más eficiente, digo yo. Vuelve a la escuela como fábrica de independentismo. Saco datos: la subida del independentismo es paralela entre las cohortes que estudiaron en la escuela catalana y las que estudiaron en la escuela franquista. Recalco *franquista*. Mi marido me mira con desaprobación y entiendo que lleva razón. Cambiamos de tema. Y nos vamos. Ya en el coche miro el teléfono. Muchos WhatsApp hablando de lo que ha pasado. Casi todos similares. Por ejemplo, éste de un amigo, empresario, de izquierdas. Lo conocí cuando vivíamos en Londres. Me manda una foto de Iceta y Arrimadas con un subtítulo «La miseria humana recogida en una imagen» y una petición «Lo siento mucho, Rocío, pero os tenéis que cuadrar». Me embarga la misma pereza. Le respondo un escueto «Define cuadrar». Me responde: «La propia pregunta me mata, pero como eres tú te lo digo: si te llamas catalana y socialista, tienes que estar en este lado de la mesa y alzarte contra este fascismo rancio. No valen ambigüedades». El mismo que dice que el independentismo es un movimiento transversal. Arrogancia. Y lo que sigue es todo un largo intento de intimidación emocional con palabras muy gruesas. Subo el tono. Y llega un momento que dejo de responder por las mismas razones que lo había hecho un rato antes en casa de los arquitectos y que ya no tienen que ver con la pereza, aunque sean repetitivos en mi día a día: me niego a engrandecer emocionalmente una brecha con personas con las que sí tengo que ver, con las que quiero tener que ver, hasta hacer esta brecha intransitable. Serrat decía eso de «Me siento más español cuanto más catalán me dejan ser». Yo lo he readaptado a la baja, para mí, en estos tiempos más oscuros: «Me niego a dar a la bandera española, a la *senyera* o a la *estelada* el rango suficiente para dejar de reconocer, respetar o considerar a sus portadores». Ésta es mi excusa sentimental. Mi trinchera a campo abierto. Y mi posición cansada y sospecho que estéril.

Paradójicamente, nunca antes me habían llamado tantas veces «nacionalista» (aquí) o «españolista» (allí) como desde que practico activamente esta autocontención.

Madrid. Un día de abril de 2018. Sigo preocupada. Más que en marzo si cabe. La ausencia de política me indigna. El coste social e institucional, alto y en aumento. Nunca he sido independentista, pero desde el falso plebiscito del 27S sus actos me parecen políticamente injustificables. Siguen confundidos entre lo que es un (mal) estilo de gobierno y un modelo de Estado. Sigo pensando, sin embargo, que el único horizonte posible es el pacto. Lo que veo aquí no me tranquiliza. Tengo ganas de decir que esto no va de reivindicar la bandera de España para que nadie se la apropie, sino que va de reivindicar una idea de España y tener un proyecto de país para que nadie lo rompa. Justo porque queremos a este país, nos deberíamos sentir lo bastante fuertes para ceder en algunas cosas, cambiarlo y mejorarlo para hacerlo más habitable para todos. Pero las cuestiones del querer son, efectivamente, un misterio. Sobre los proyectos colectivos, abunda poco el amor laico, aunque justamente sea donde tiene más sentido. Tenía razón quien me dio el encargo: es política pero también son sentimientos. Repaso los adjetivos que he escrito. No hay nada positivo o sexy en lo que he dicho. Sólo posiciones personales que se han convertido casi en obsesivas: seguir discutiendo con todos sin romper con nadie. Y sin encontrar nunca mi grupo de confort. No recibí ningún mensaje, ni uno, de amigos catalanes con los que habíamos trabajado para el Estatut el día que se lo cargaron en una votación antidemocrática. Sólo escriben para señalar errores del «otro», inventados o ciertos. Aquí en Madrid también me miran con cara de extrañeza cuando me alarmo porque un juez haga más política que un presidente del Gobierno. Los mismos que me acusaban hace poco de ser parte del *establishment* y no suficientemente de izquierdas. Entiendo el hartazgo porque yo también estoy irritada. Y enfadada. Y quiero hablar de otras cosas que me importan igual o más. Pero me revuelvo ante la idea de que el otro se convierta en un extraño. Igual tiene que ver con quien soy, con mi patria íntima. Voy a la biografía que tengo escrita en la web donde decía de mí misma hace ya un tiempo: «Me sigue motivando replantearme las preguntas y buscar las respuestas que nos afectan colectivamente y me siguen alterando los sectarios que prefieren etiquetar a argumentar. Seguramente es porque tengo un abuelo nacionalista vasco, otro madrileño militante de la UGT, una abuela hija de un *rabassaire* de ERC, otra de un catalanista de la Lliga y un padre comunista, que creo que el afecto y el respeto se demuestran mejor con la contradicción apasionada que con la conllevancia discreta pero, en el fondo, indiferente. Mi marido y mis dos hijos son, a la vez y en cualquier lugar, mi motor y mi reposo».

Así es como me siento. Así es como lo vivo. No tengo más que la épica gris y el elogio de la imperfección como manera más convincente de defender España en positivo. Muchos dirán que es un relato poco ilusionante, pero a mí me sigue pareciendo el que más motiva cuando se trata de entender que esa comunidad que llamamos España es la del *otro*, que es conciudadano. Un *otro* que al final reconocemos por nimiedades tales como que suene Alaska, Serrat o Mecano al final de la noche y todos los cantemos a pulmón. Nos gusten Radio3, los 40 principales o Rac105. O que nuestros niños sigan, décadas después, con los mismos chistes de Jaimito. Es la España del color granate en nuestro pasaporte, que no fue gratis ni venía descontada. Un día, hace ya un tiempo, el *president* Pujol me dijo que él lo había intentado mucho pero que se había cansado de tratar de cambiar España. Arrogancia. Acabo con lo mismo que le respondí: «Pues hay muchos más que no estamos cansados y que nos parece que cuarenta años son, en la historia de los pueblos, muy pocos años para llegar a conclusiones tan rotundas». Son los cuarenta mejores años de nuestra historia, los únicos en democracia e inclusión en Europa. ¿Tendrá también mi generación el derecho de intentar avanzar, de equivocarse, de frustrarse, de ilusionarse? ¿O tenemos que acabar con todo porque no existe la tierra prometida? Cantar las mismas canciones, reírnos de las mismas tonterías y viajar a Francia sin cambiar de moneda es un fino hilo que nos une. Deberíamos ser capaces de no mitificarlo, pero, a la vez, de ponerlo en valor. Vale la pena intentarlo. Está claro que el esfuerzo requerido no puede basarse en la mera resistencia de tener un espacio legalmente compartido y asimilable a Europa. Depende de que seamos capaces de dejar de acumular razones frente al otro para acumular inteligencia en común. Tendremos que insistir en desbloquear energía política para poder seguir andando permanentemente insatisfechos. Va de política. Pero también depende íntimamente de cada uno de nosotros que en este viaje estemos más acompañados que reconfortantemente solos. Y para eso, el otro es imprescindible.

Rocío Martínez-Sampere (Barcelona, 1974) es licenciada en Economía en la Universitat Pompeu Fabra, máster en Economía y máster en Gobierno y Políticas Públicas en la London School of Economics. Trabajó como analista en la City y luego en la Fabian Society, fundación asociada al Partido Laborista, donde militó. Posteriormente se incorporó a la Fundación Rafael Campalans, de la que sigue siendo miembro de su Patronato. Fue jefa de gabinete de Narcís Serra y asesora de Pasqual Maragall en el primer Gobierno progresista que tuvo Cataluña en democracia. Milita en el PSC desde 2003. En 2006 fue elegida diputada por Barcelona en el Parlament, donde fue portavoz de Economía y presupuestos. Se presentó y perdió las primarias para optar a la alcaldía de Barcelona. Renunció a su escaño una semana después de las elecciones municipales de 2015. Actualmente es directora de la Fundación Felipe González.

De repente, un país normal

Jorge San Miguel

“Por supuesto, la acusación al 78 de ser un consenso de élites es puramente trivial: cualquier consenso posible en la España de entonces, como en la actual, hubiera sido modelado por unas élites. No menos uno encabezado por maoístas o por independentistas regionales, burgueses o guevaristas. La verdadera cuestión es qué y a quiénes incluía.”

Allí donde está el peligro crece también la salvación.

HÖLDERLIN

No podría precisar cuándo empecé a sentirme español sin una punzada de incomodidad, pero no fue pronto. Recuerdo ya de niño sospechar lo que la idea de España tenía de problemática. Mis padres se tomaban la nación como la religión: con disciplinada aceptación de la costumbre, pero sin efusiones. Parafraseando a Sartre, eran católicos y españoles para no tener que creer ni ser nada en particular. Siendo además uno madrileño de barrio, y la otra nacida en una aldea santanderina, se comprende que en casa hubiera cualquier cosa menos pasión por las identidades nacionales de ningún tipo. En casa se compraba el *ABC* y se votaba socialista, y se hacía todo como por hábito y sin militancia.

A medida que uno iba avanzando en los estudios, entendía mejor que la nación española era un asunto incómodo, sobre todo si cojeaba de la pata progresista. Había, es cierto, gente que paseaba la bandera y el orgullo nacional, pero se trataba en general de personas con las que uno no parecía tener gran cosa que ver. O más ricos, o más pobres; o más del centro de la ciudad, o más de pueblo. Las familias de las nuevas clases medias vivíamos la identidad nacional con alguna distancia y confusión, con orfandad incluso; porque si bien la España eterna e inmutable de las viejas oligarquías nos parecía ajena, también nos resbalaba la aparente sofisticación de quienes negaban en absoluto la realidad del país, como si habitásemos en una especie de limbo. Al fin y al cabo, la cultura española de los dos últimos siglos es la expresión de unas élites en lucha consigo mismas, no sólo en torno al poder, sino a los límites del terreno de juego, a la naturaleza misma del juego; y la realidad sociológica que había emergido en los años del desarrollo, y a la que yo y todo mi entorno pertenecíamos, lo había hecho en cierta medida de espaldas a esas élites, invocada por realidades que trascendían a España y, sobre todo, trascendían a las ideas sobre España de unos y otros.

Vinieron después las ínfulas intelectuales y literarias, y con ellas un franco desprecio de lo español. Había decidido asimilarme, a sabiendas o no, a una de las partes en liza, a la parte que negaba la España existente como vehículo de progreso. Si durante el célebre partido del mundial del 94 yo había apoyado a Italia por motivos estéticos, ahora era capaz de racionalizarlo: España era un fracaso, como nos recuerda Santos Juliá que había dictaminado el historiador marxista Pierre Vilar. Era la forma esnob de articular un complejo por lo demás común, porque España no era «un país normal». Era un país que funcionaba a una velocidad distinta a los ya socios europeos, un país menos eficiente, con más corrupción, donde todo era más feo y más cutre.

Había, por supuesto, algo más. Algo que he sugerido más arriba. Para las nuevas clases educadas desde el final del franquismo, la nación española era un marcador de falta de sofisticación intelectual. Una señal de que quien enarbolaba la bandera era, ya fuese un niño pijo del barrio de Salamanca o un tendero de Carabanchel, alguien más bien corto de entendederas. Era, al fin, sí, una cuestión de clase.

* * *

En los últimos tiempos se ha popularizado la expresión «régimen del 78», empleada en particular por un partido crítico con los consensos emergidos de la Transición española a finales de los años setenta. En realidad, dicho partido no ha hecho sino poner en circulación un discurso que en las cuatro décadas transcurridas desde entonces había permanecido fuera de la agenda, al margen de los circuitos oficiales de la política y los medios, y refugiada en movimientos sociales y algún departamento universitario. El pacto constitucional, suscrito desde la derecha hasta el PCE pasando por los nacionalistas catalanes, y su amplio refrendo popular posterior fundaron un espacio político delimitado nítidamente por las fuerzas signatarias, que ocuparon todos los nichos institucionales.

A la intemperie quedaba un conglomerado heterogéneo de grupos a derecha e izquierda que, tras las varias violencias de la Transición, quedaron paulatinamente eclipsados por la única contestación radical, violenta y sistemática al sistema: el terrorismo separatista de ETA. Hasta qué punto la existencia del terrorismo nacionalista vasco contribuía al «cierre epistémico» de la democracia española se hizo patente en los noventa, cuando los objetivos de la banda se desplazaron al entorno civil, y con dos gobiernos sucesivos del centro derecha tras un atentado fallido contra José María Aznar. Por entonces, las izquierdas contrarias al 78 no ocultaban su relación ambivalente con ETA/Batasuna: si bien entendían a la perfección, y denunciaban, ese carácter de cierre que ejercía la existencia del «cuanto peor, mejor» terrorista, no podían evitar traslucir una cierta admiración por la autenticidad de la «lucha» etarra, reliquia de unos años setenta de plomo que se habían saldado con más pena que gloria para las izquierdas radicales europeas. Por otra parte, la conversión del Partido Popular en la fuerza hegemónica en la derecha permitió que buena parte de los sectores derechistas contrarios en principio a la Constitución se integrasen de facto en la coalición de votantes populares, y los disciplinó en una obediencia constitucional que no precisaba de grandes renuncias explícitas.

Así las cosas, la denuncia del «régimen del 78» quedó en manos de élites de izquierdas que algún momento orbitaban en torno a Izquierda Unida, como polo del «sistema» más cercano y fuente de recursos y de anclaje institucional, y de movimientos sociales, formales e informales, que, hasta la crisis de 2008, carecían casi por completo de visibilidad en la agenda. Todos ellos bajo el influjo de una tensión separatista, que parecía el único cabo suelto del «régimen». La denuncia más frecuente es que el pacto del 78, lejos de representar las preferencias reales de los españoles ni una transición real a la democracia, había sido un cierre en falso del franquismo, un pacto de élites destinado a perpetuar lo esencial del régimen anterior bajo la forma *aggiornada* de una monarquía parlamentaria con una economía capitalista moderna, que pudiese incorporarse al orden europeo. La democratización real del país y la neutralización de las élites históricas quedaban pendientes, y deberían coincidir con la superación del capitalismo; y, para muchos, con una liquidación más o menos exhaustiva de la soberanía de la nación española, que completase el proceso de descentralización y devolución a los pueblos y nacionalidades originales que el 78 apenas había esbozado.

Por supuesto, la acusación al 78 de ser un consenso de élites es puramente trivial: cualquier consenso posible en la España de entonces, como en la actual, hubiera sido modelado por unas élites. No menos uno encabezado por maoístas o por independentistas regionales, burgueses o guevaristas. La verdadera cuestión es qué y a quiénes incluía, y qué y a quiénes dejaba fuera; y la amplitud del espectro de fuerzas permite suponer que su representatividad no sólo no era menor, sino que sería difícil de replicar hoy.

Pero los opositores existían, y las circunstancias, así como la propia naturaleza de los actores enfrentados más radicalmente al 78 tuvieron efectos sobre la percepción del consenso alcanzado y de los equilibrios subyacentes. Andando el tiempo, la visión generalizada entre las élites políticas e intelectuales tendió a ser que la clausura había ido, en lo territorial, en la dirección de limitar las preferencias de quienes abogaban por una mayor descentralización, por la soberanía compartida o por la autodeterminación de las nacionalidades, y no en la contraria. Los críticos del Estado autonómico por la derecha se subsumieron en buena medida en el partido conservador, y dieron por bueno el autonomismo, con resoplidos ocasionales, en la medida en que éste se había convertido en *statu quo*, y en la medida en que el terrorismo de ETA significaba una posición extrema y criminal contra el mismo. Los centralistas o jacobinos de izquierda siguieron con no menos disciplina la senda marcada por las élites de sus partidos, hasta el punto de que se hicieron invisibles. El relato de la Transición era aún, para la mayoría, el relato de un éxito, y nadie quiere estar en el lado incorrecto de la historia.

A comienzos de siglo, con ETA en la vía de la derrota material, las dinámicas electorales hacen necesario a la izquierda institucional buscar más allá de las políticas de consenso. El PP se ha convertido en una maquinaria electoral contra la que una izquierda dividida no puede competir. En el periodo 2004-2008, la derecha contribuye con involuntario tesón a erigirse en enemigo moral, inconmensurable, de un PSOE aupado en campeón de todo el progresismo del Estado. En ese momento se abre la posibilidad de profundizar en la descentralización, atendiendo a lo que deberían ser demandas progresistas ampliamente compartidas, y en respuesta a un supuesto «rearme» centralista del aznarismo en la década anterior. El Plan Ibarretxe se ha estrellado a cámara lenta como un zepelín, socialistas y republicanos de izquierdas gobiernan en Cataluña, y España cabalga a lomos de una burbuja inmobiliaria y crediticia y de las rentas europeas.

* * *

Quince años después de que se iniciase la reforma del Estatut catalán, el escenario abierto por la crisis catalana en el otoño de 2017 permite pensar con una claridad inédita en cuatro décadas hasta qué punto el pacto del 78 clausuró no sólo, o no primordialmente, las posibilidades de mayor descentralización o de hipotética desmembración del Estado, sino también las posibilidades de un mayor centralismo o jacobinismo a derecha e izquierda. Jorge Galindo ha estimado, con datos previos al 1O, que los «jacobinos de izquierda», los votantes que se sitúan entre el 1 y el 5 de la escala ideológica del CIS pero prefieren un Estado menos descentralizado que el actual, representan un 15 por ciento del censo. Después del estallido de la crisis y de la aplicación del artículo 155, el CIS muestra que los partidarios de una mayor centralización administrativa en toda la escala ideológica incluso han repuntado. Sondeo tras sondeo se constata que los partidarios del actual Estado autonómico o de un Estado menos descentralizado superan ampliamente a los partidarios de la descentralización, devolución o autodeterminación. Sin embargo, sus demandas nunca han estado organizadas al mismo nivel de las de quienes reclamaban más poder autonómico o soberanía: éstos no sólo han contado con partidos nacionalistas que articulaban su agenda en las distintas CCAA, sino que los propios partidos nacionales han asumido en mayor o menor parte un papel en este eje de competencia regional.

En ocasiones, las élites de los partidos han empujado en sentido contrario a la tendencia natural de buena parte de sus votantes, con el caso paradigmático del PSC, cuya aristocracia, catalanista y burguesa, y la amplia porción españolista y popular de su electorado acabaron divorciadas cuando el eje territorial devoró la política catalana. Mientras la agenda está dominada por otros temas, como la economía o la corrupción, este desacuerdo es sobrellevable para los partidos; pero cuando la nación pasa al primer plano, se dan los elementos para que la discrepancia se traduzca en abandono. En la segunda mitad de 2017 vimos cómo este fenómeno se extendía por toda España y por casi todos los partidos. De ahí la sorpresa, la incredulidad teñida casi de espanto, con la que buena parte del *establishment* de izquierdas ha recibido el surgimiento de una reacción españolista que ha sacado las banderas a las ventanas. «Nadie esperaba a la Inquisición española», y nadie esperaba un reflejo en respuesta ante el independentismo catalán, porque la izquierda española, y buena parte de la derecha, se había habituado a que la identidad era en nuestro país sólo cosa de quienes se lo podían permitir. Es cierto que en los últimos diez años han saltado a la política nacional al menos dos partidos que, desde un espacio ideológico intermedio entre socialistas y conservadores, defendían nítidamente la idea de una nación española cívica. Buena parte de sus votantes venían además de la izquierda, y del desencanto con un abandono percibido de esa idea nacional por las fuerzas progresistas. Hasta el otoño de 2017 fue relativamente fácil para todos pasar por alto lo que eso significaba; hoy ya no es posible. Hoy es más claro también que el compromiso autonómico fue exactamente eso: un compromiso, y no sólo de unos pocos actores regionales que renunciaron a su programa máximo. En lo sucesivo, la defensa del Estado autonómico no puede obviar este carácter de equilibrio múltiple, que es en realidad su mayor virtud y fortaleza.

Pero, más allá de la sociología electoral, una constelación de referencias y signos permitía anticipar la maduración de un españolismo alejado de los tópicos habituales, y de las etiquetas ideológicas que por pereza mental se le han solido colgar. Las generaciones nacidas en democracia han alcanzado la mayoría de edad y la madurez. Esto ha significado, sí, una socialización política de varios millones de jóvenes alejados de los hitos y relatos de la Transición. Esas nuevas generaciones han protagonizado el 15M, o el ascenso de partidos como Podemos. Pero las élites progresistas, tanto las nuevas como las viejas, han dado por supuesto con demasiada facilidad que la flecha de las generaciones se movía en su dirección, la de la resolución de la España agónica por vía de su debilitamiento o liquidación, como si el curso estuviera marcado por alguna ley histórica.

Porque esa distancia con la Transición no sólo ha supuesto un descreimiento militante de la nación del 78 en algunas capas, sino también en muchos casos la aceptación callada y civil de esa nación como cosa dada, como realidad no agónica: un hecho más de la vida del que, si no se está particularmente orgulloso, ni falta que hace, tampoco provoca zozobra ni evoca complejos históricos. La cultura popular de estos años, de las selecciones deportivas a las producciones audiovisuales, ha reflejado esta actitud nueva, que dista tanto del lamento noventayochista como del ardor guerrero. Una tranquila copertenencia, un recelo de cualquier excepcionalidad, buena o mala; un reconocimiento de referentes comunes por los que seguramente no mucha gente esté dispuesta a dar la vida, pero que son tan reales y cotidianos como el paisaje que recorremos cada día. La sensación de que éste puede ser —no más, pero tampoco menos— «un país normal».

Jorge San Miguel Lobeto (Madrid, 1977) es licenciado en Historia y ha cursado posgrados en Ciencias Políticas y Comunicación Política. Ha trabajado en la enseñanza y en comunicación, así como en el sector de los asuntos públicos en Bruselas. Miembro del equipo nacional de comunicación de Ciudadanos desde 2015, en la actualidad es responsable de comunicación en el grupo parlamentario de Ciudadanos en el Congreso de los Diputados. Coautor del libro *La urna rota* (Debate, 2014), colabora con medios como *Letras Libres*, *El Subjetivo*, *El Mundo* o *El País*.

Viva el cambio

Aurora Nacarino-Brabo

> *"Yo también he construido mi nación, y con ella cargo por la historia, como cargan los tercerones por la tercera España."*

La nación no es un mineral. De ella no se puede calcular su masa, describir su brillo, afirmar su ductilidad. Nada se puede decir de cómo cristaliza o de su toxicidad (casi nada). Tampoco de su dureza, de lo bien o mal que conduce la electricidad. Si es cosa filamentosa o prefiere deshacerse en lascas. La nación es una invención humana que humanamente nos obstinamos en definir con conflictivos resultados.

Yo también he construido mi nación, y con ella cargo por la historia, como cargan los tercerones por la tercera España. Éste ha sido un país de ajustadores de cuentas y de fabuladores de memorias. Ha sido un país de caínes pistoleros y, luego, un país de caínes derrotados y, por fin, un país de abeles silenciosamente redimidos. Estas líneas son un relato, sólo uno, de un reencuentro que redimió a la nación española.

El abuelo Mario casi murió en la guerra, no por metralla, sino por unas fiebres tifoideas. Uno de sus hermanos mayores, falangista de primera hora, se había pasado a los sublevados y había ascendido rápidamente en el ejército de Franco, antes de caer como un héroe en la batalla del Ebro. Un día, cuando todo hubo terminado, se presentó en casa del abuelo un hombre del régimen. Venía a ofrecerle un puesto en la policía, en agradecimiento por los servicios que su hermano había prestado a la patria. El abuelo le cerró tranquilamente la puerta en las narices: «Yo no denuncio a obreros», dijo con solemnidad de veinteañero.

Papá dice que el abuelo era un señor de derechas, aunque uno muy particular: cuando retornó la democracia votó sistemáticamente al PSOE, porque la memoria es la memoria. El abuelo Mario se había casado con la abuela Carmela, hija de un intelectual liberal que tuvo que hacer desaparecer tantos de sus libros para poder seguir viviendo en España tras la guerra. En los recuerdos infantiles de mi abuela, su casa era un salón de tertulias en el que sus padres recibían a los Machado o los Álvarez Quintero. De aquella extensa biblioteca de mi bisabuelo llama la atención que no pueda contarse ningún título, ningún nombre republicano. Sólo ha sobrevivido un ejemplar, cariñosamente dedicado por su amigo León Felipe, el autor, quién sabe si por un despiste salvador, quién si por un afecto a prueba del miedo.

La abuela Carmela siempre contaba que lo había pasado muy bien «en guerra». No es que las cosas fueran fáciles, claro. Ella y sus hermanas eran entonces cuatro adolescentes con amenorrea sobrevenida por la privación. Pero no hay fortín como el optimismo de los dieciocho años. Era sólo una niña el día que había corrido a la Puerta del Sol a celebrar la llegada de la República, desobedeciendo las indicaciones de su padre: «Las niñas no se meten en política».

Cinco años después seguía desobedeciendo. Ya no había política en la que inmiscuirse, pero todavía había cine en aquel Madrid asediado por Franco. Y el cine era incluso mejor que la política. Ignorando la prohibición de abandonar la seguridad del barrio Salamanca, la abuela se escapaba a los cines de la Gran Vía con un puñado de amigas. Muchas veces, las alarmas que avisaban de los bombardeos inminentes interrumpían la sesión. Entonces tenían que correr, Montera abajo, hasta el metro de Sol, entre silbidos de los obuses que caían muy cerca de allí, en la Ciudad Universitaria. Aquellos trenes llegaban siempre como latas de sardinas prietas, pero una de las amigas de la abuela, Carmen, era alta y fortachona, y a empellones, con determinación nipona, conseguía abrir un hueco para todas.

Aquella Carmen también fue mi abuela. Carmela y Carmen serían madres de mi padre y mi madre respectivamente, pero antes habían sido amigas de infancia, en el Madrid de los tranvías y en la Covarrubias de las mulas, lugar de origen de ambas familias. La abuela Carmen, que había simpatizado en algún momento con la Falange, se casó con el abuelo Germán, que era comunista, y tuvieron seis hijos. Los dos eran maestros. Pero un día el abuelo fue incluido en una lista de rojos, y el régimen le prohibió ejercer como profesor.

Mi madre era muy pequeña cuando mis abuelos decidieron hacer las maletas y emigrar a Brasil. Allí estuvieron algunos años en los que no hicieron demasiada fortuna y, cuando el abuelo pudo volver a sus clases, regresaron a España. El abuelo trabajó entonces con el padre Llanos en el Pozo del Tío Raimundo y en Entrevías, zonas muy deprimidas de Madrid. Si algún alumno faltaba a clase, era capaz de ir a buscarlo a su casa. Muchas veces encontraba al niño en la humilde vivienda, al cuidado de algún hermano pequeño, muy pequeño, mientras los padres trabajaban. Entonces tomaba a uno en brazos y al otro de la mano y se los llevaba a la escuela. Otras veces se gastaba el dinero que no tenía en comprar zapatos a los muchachos, o en darles de desayunar; o bien se los llevaba a casa al terminar las clases, para que no estuvieran solos hasta que sus padres pudieran recogerlos.

El abuelo Germán pudo volver al trabajo, pero la abuela Carmela tuvo que dejar el suyo cuando se casó. Había opositado para el Instituto Nacional de Previsión y, aunque le gustaba mucho trabajar, el régimen obligaba a las mujeres de ciertos sectores a marcharse a casa cuando contraían matrimonio. Sólo consiguió reingresar tras la muerte de Franco, ya cerca de la edad de jubilación. Los años del regreso fueron felicísimos para ella, que era una mujer muy activa a la que la vida doméstica aburría más que una etapa del Tour a la hora de la siesta. No fue la única que volvió a la oficina, con ella lo hicieron muchas mujeres más, que pronto serían conocidas entre sus jóvenes compañeros, hijos del *baby boom*, como «las menopáusicas». El apelativo era cariñoso.

Para la abuela, poder volver a trabajar fue como rejuvenecer. A veces, la readaptación producía escenas hilarantes: «Esto me lo paso por la piedra», afirmó alguna vez, queriendo decir que una tarea no le llevaría mucho tiempo. O bien: «Mi hijo se ha comprado un traje de follar», en lugar de «fardar». Tanto da: lo uno suele llevar a lo otro. Cuando las menopáusicas se jubilaron, el Estado saldó una deuda histórica con ellas reconociéndoles el derecho a cobrar la pensión que les habría correspondido de no haber sido forzadas a dejar sus puestos.

La vuelta al trabajo fue también la vuelta a la política. Carmela fue primero de Tierno Galván y luego de Felipe. De Felipe eran también mis padres, militantes desde la universidad, cuando el PSOE era aún un partido ilegal. Pero los tiempos habían cambiado y el PSOE era cada vez un partido menos clandestino. Prueba de ello es que, el día que a mi madre le robaron el bolso, a la abuela Carmen le preocupó más que en él llevara la recién llegada a España píldora anticonceptiva que el carnet rojo del partido de González. Las cosas del qué dirán.

Mi madre, mi padre, mi tía imprimían pasquines en una vietnamita que hacía sudar al abuelo Mario, que nunca había dejado de temer a la policía desde aquel día que rechazó su oferta de empleo. Pero pronto no harían falta libelos. España dio la bienvenida a la democracia con mítines a rebosar y más siglas políticas que organismos de la ONU.

Aquella España se parecía muy poco al país en el que habían nacido mis abuelos. El rey rubricó la Constitución más inclusiva de nuestra historia, y también la única que no ha sido liquidada. Es cierto que la Transición no sería como un paseo en barca por el estanque del Retiro, pero donde antaño habían triunfado las pistolas comenzó a abrirse paso la palabra. Y los votos. El año 81 nos dejó el Parlamento lleno de cicatrices de bala, que dan galones y ya no duelen: aquí trabajo yo hoy, apaciblemente, todos los días. Y el año 82 traería la alternancia que los politólogos exigen para dar por consolidada una democracia.

De aquella noche electoral que Felipe y Guerra celebrarían asomados a un balcón del Palace, guardo una de mis fotografías familiares favoritas. Está sacada con una cámara instantánea y en ella relucen las sonrisas de mis padres, tan jóvenes, de varios de mis tíos y de algún amigo. Sobre la mesa camilla, hay una tarta y, sobre la tarta, un puño, y aun sobre el puño, una rosa. En el borde del pastel de nata, formando una circunferencia, puede leerse: «Viva el cambio». La tía Pili sostiene, al fondo de la estancia, una bandera roja en la que una escoba hace las veces de noble asta, y que le cubre parcialmente la cara, pero que deja a la vista un par de ojos rebosantes de futuro. El pendón luce las siglas del PSOE, acompañadas por la silueta en blanco del que fuera el primer escudo de los socialistas españoles, y que estuvo en uso desde los años veinte hasta finales de los setenta: un libro abierto, dos plumas dentro de un tintero y un yunque pretendían reunir la importancia de los trabajos físico e intelectual.

Mamá y papá tendrían cuatro hijos. Yo, la mayor, nací en el año 87. Mis hermanos y yo crecimos en una urbanización del extrarradio, en un barrio, Moratalaz, que amplió sus márgenes para conciliar sus orígenes obreros con su flamante vocación de destino para nuevas clases medias. Una tarde de julio, en su piscina, los niños supimos del secuestro de Miguel Ángel Blanco y enseguida resolvimos que pronto estaría de vuelta a casa: no podíamos concebir la maldad asesina. La noticia de su ejecución, tres días después, la evocaré ya siempre sobre un fondo fluctuante de agua clorada y teselas azules.

Pero aquellos asesinos también serían derrotados. Pronto, España sólo sería un país más de la anodina Unión Europea. Habíamos cambiado tanto en tan poco tiempo que se habían hecho realidad las palabras de Guerra: ya no nos conocía ni la madre que nos había parido. O, mejor, nosotros ya no nos reconocíamos en esa trémula partera de guerras civiles y dictaduras cruentas. La redención nacional había llegado, de puntillas, de la mano de los abeles olvidados de la historia. De los españoles que silenciosamente habían ido pavimentando con pequeñas acciones nuestra democracia.

Esta España está hecha de hombres de derechas que se negaron a denunciar a sus compatriotas. De jóvenes para las que cualquier película de Cary Grant valía más que una guerra. Está hecha de unas instituciones que reconocieron a las menopáusicas su derecho a volver a la oficina. Y también a cobrar la pensión máxima. Que pusieron urnas y que no quitaron las heridas de bala de nuestro Congreso. Esta España está hecha de millones de mujeres que decidieron ser trabajadoras. Del candor de los maestros que se afanaron en los barrios más pobres de nuestras ciudades. De quienes hicieron política, y también de quienes pusieron el amor por encima de las diferencias políticas. Del esfuerzo de las familias que emigraron con un hatillo de hijos para volver luego a casa y empezar de cero. Está hecha de niños inocentes que no imaginan la barbarie y de demócratas valientes que marcharon por la libertad con las manos vacías: «Basta ya». Y que vencieron.

Soy, al fin, la hija y la nieta de la España de Abel, y a la España de Abel me debo.

Aurora Nacarino-Brabo (Madrid, 1987) es politóloga y trabaja para Ciudadanos en el Congreso de los Diputados. Escribe una tribuna semanal en *Letras Libres* y es columnista de *The Objetive*. Ha participado en el libro *#Ciudadnos: Deconstruyendo a Albert Rivera* (Deusto).